CB040496

A INTEGRAÇÃO EUROPEIA NO DOBRAR DO SÉCULO

PAULO DE PITTA E CUNHA
Professor Catedrático da Faculdade de Direito
da Universidade de Lisboa e da Faculdade de Direito
da Universidade Católica Portuguesa

A INTEGRAÇÃO EUROPEIA NO DOBRAR DO SÉCULO

ALMEDINA

TÍTULO:	A INTEGRAÇÃO EUROPEIA NO DOBRAR DO SÉCULO
AUTOR:	PAULO DE PITTA E CUNHA
EDITOR:	LIVRARIA ALMEDINA – COIMBRA www.almedina.net
LIVRARIAS:	LIVRARIA ALMEDINA ARCO DE ALMEDINA, 15 TELEF. 239 851900 FAX 239 851901 3004-509 COIMBRA – PORTUGAL livraria@almedina.net
	LIVRARIA ALMEDINA ARRÁBIDA SHOPPING, LOJA 158 PRACETA HENRIQUE MOREIRA AFURADA 4400-475 V. N. GAIA – PORTUGAL arrabida@almedina.net
	LIVRARIA ALMEDINA – PORTO RUA DE CEUTA, 79 TELEF. 22 2059773 FAX 22 2039497 4050-191 PORTO – PORTUGAL porto@almedina.net
	EDIÇÕES GLOBO, LDA. RUA S. FILIPE NERY, 37-A (AO RATO) TELEF. 21 3857619 FAX 21 3844661 1250-225 LISBOA – PORTUGAL globo@almedina.net
	LIVRARIA ALMEDINA ATRIUM SALDANHA LOJAS 71 A 74 PRAÇA DUQUE DE SALDANHA, 1 TELEF. 21 3712690 atrium@almedina.net
	LIVRARIA ALMEDINA – BRAGA CAMPUS DE GUALTAR UNIVERSIDADE DO MINHO 4700-320 BRAGA TELEF. 253 678 822 braga@almedina.net
EXECUÇÃO GRÁFICA:	G.C. – GRÁFICA DE COIMBRA, LDA. PALHEIRA – ASSAFARGE 3001-453 COIMBRA Email: producao@graficadecoimbra.pt
	JANEIRO, 2003
DEPÓSITO LEGAL:	189512/02

DO AUTOR:

A) INTEGRAÇÃO ECONÓMICA E DIREITO COMUNITÁRIO

"O movimento político europeu e as instituições supranacionais", 1963; "A livre circulação dos trabalhadores e a segurança social no Mercado Comum", 1964; "A integração económica da Europa Ocidental – integração liberal e integração dirigida", 1965; "Convertibilidade e unificação monetária na Europa", 1965; "O desafio da integração europeia", 1979; "O sector público produtivo na perspectiva da adesão à CEE", 1979; "O enquadramento constitucional do sistema económico na perspectiva do ingresso no Mercado Comum", 1979; "Portugal and the European Economic Community", 1980; "O sistema económico português e a adesão ao Mercado Comum", 1982; "A lógica integracionista e a supremacia do ordenamento comunitário", 1984; "The Portuguese economic system and accession to the European Community", 1985; "A integração do sistema jurídico da Comunidade – os primeiros passos", 1986; "Um novo passo na integração comunitária: o Acto Único Europeu", 1988; "Reflexões sobre a união europeia", 1992; "Integração europeia – estudos de economia, política e direito comunitários", 1993; "A união monetária e as suas implicações", 1994; "Tax harmonization and monetary union. Two speeds for Europe", 1994; "A harmonização da fiscalidade e as exigências da união monetária na Comunidade Europeia", 1993; "A revisão institucional e a convergência económica – problemas dos pequenos e médios Estados membros", 1995; "A diferenciação na integração europeia", 1996; "A união económica e monetária e o objectivo da moeda única", 1996; Problemas da revisão do Tratado de Maastricht", 1996; "A adaptação ao sistema jurídico da Comunidade – Os primeiros passos", 1996; "A união económica e monetária e as perspectivas da integração europeia", 1996; "Monetary union and differentiation. The external dimension", 1997; "A união económica e monetária e o objectivo da moeda única", 1997; "Some reflections on monetary union and fiscal federalism", 1997; "O Tratado de Amesterdão", 1998; "De Maastricht a Amesterdão – problemas da união monetária europeia", 1999; "Integração monetária e federalismo financeiro", 1999; "A união monetária e o pacto de estabilidade", 2000; "Os impulsos federais na construção europeia", 2000; "The federalist impulses in the European Union", 2000; "The flimsiness of the euro: a currency without a State", 2000; "O Euro", 2000; "A união monetária e o federalismo financeiro", 2000; "O pendor federal da integração – a União Europeia e o Mercosul", 2001; "Da moeda única em diante: as visões a longo prazo da integração", 2001; "As cooperações reforçadas na União Europeia", 2001; "A harmonização fiscal no processo de integração europeia", 2001; "Três anos na moeda única", 2002; "A Convenção europeia", 2002; "Portugal e a união monetária europeia", 2002; "A via federal", 2002. No prelo: "A integração europeia no dobrar do século", 2003.

B) FISCALIDADE

"Problemas fiscais da Associação Europeia de Comércio Livre", 1960; "Os direitos fiscais na Convenção de Estocolmo", 1960; "Os impostos sobre as transacções", 1963; "Aspectos fiscais da integração económica internacional", 1964; "The Portuguese tax reform", 1966; "A Wholesale sales tax in Portugal", 1966; "O tratamento tributário dos rendimentos da propriedade industrial e intelectual", 1970; "Taxation of royalties in Portugal", 1970; "Direito fiscal primeiras linhas de um curso", 1975; "A tributação do rendimento na perspectiva de uma reforma fiscal", 1979; "O imposto extraordinário e as características da actual estrutura tributária portuguesa", 1981; "A reforma fiscal portuguesa dos anos 80", 1982; "O imposto único sobre o rendimento: reflexão sobre algumas linhas da proposta", 1987; "A reforma da tributação do rendimento individual: linhas do modelo e referências constitucionais", 1988; "A reestruturação do sistema de tributação do rendimento em Portugal no contexto mundial de reformas fiscais", 1988; "Sobre a reforma da tributação do rendimento individual", 1989; "A reforma fiscal", 1989; "O andamento da reforma fiscal", 1995; "A reforma fiscal: balanço do primeiro sexénio", 1995; "O regime fiscal dos produtos petrolíferos em Portugal", 1995; "A fiscalidade dos anos 90 (estudos e pareceres)", 1996; O Sistema fiscal no limiar do século XXI", 1998; "A reestruturação do sistema de tributação do rendimento em Portugal no contexto mundial de reformas fiscais", 1998; "A alteração recente do regime de benefícios fiscais das sucursais financeiras na Zona Franca da Madeira", 1998; "A fiscalidade do sector financeiro português em contexto de internacionalização", 1999; "Alterações na tributação do rendimento: reforma fiscal ou simples ajustamentos?", 2001; "Tax harmonization", 2002.

C) MOEDA E RELAÇÕES ECONÓMICAS INTERNACIONAIS

"Os direitos de saque especiais – nova forma de liquidez internacional", 1968; "Sobre dois recentes diplomas em torno da reestruturação do sector financeiro", 1969; "A moeda e a política monetária nos domínios interno e internacional – esquema de um curso de economia monetária", 1970; "Considerações sobre o processo inflacionista em Portugal", 1970; "A suspensão da convertibilidade do dólar", 1971; "O regime monetário nas economias socialistas de direcção central", 1971; "As reformas económicas e o ressurgimento dos mecanismos monetários nos países do bloco socialista", 1971; "O reajustamento do valor externo do escudo: a nova relação paritária de 27,25", 1972; "Os câmbios e a balança de pagamentos", 1973; "Mecanismos e políticas de ajustamento dos desequilíbrios externos", 1973; "O financiamento dos desequilíbrios externos", 1973; "O Fundo Monetário Internacional e a intervenção nas políticas económicas internas", 1981; "Direito internacional económico – programa, conteúdo e métodos", 1984; "A experiência do Sistema Monetário Europeu", 1986; "A erosão das regras comerciais internacionais", 1990; "A Organização Mundial do Comércio e a resolução de litígios", 1997; "A Organização Mundial do Comércio na estrutura da ordem económica internacional", 1997; "Relações económicas internacionais (uma perspectiva dos anos 70 e 80)", 1999; "O processo de desmaterialização da moeda", 1999.

D) POLÍTICA ECONÓMICA E FINANÇAS PÚBLICAS

"Equilíbrio orçamental e política financeira anticíclica", 1962; "Introdução à política financeira", 1971; "Expansão e estabilidade. Os dilemas da política macro-económica", 1972; "A controvérsia sobre a lei da delimitação dos sectores", 1980; "A conjuntura e a política económica em Portugal", 1982; "Política orçamental numa economia com inflação elevada e dívida elevada", 1985; "Marx e Keynes", 2000; "A política económica dos anos 70: o que resta da mensagem de Keynes", 2002.

E) OUTROS TEMAS

"Sobre os motivos económicos na colonização", 1961; "Dos funcionários internacionais", 1964; "Relance sobre o eurocomunismo", 1980; "As pessoas colectivas como administradores de sociedades", 1985; "Pessoas colectivas designadas administradores de sociedades anónimas", 1993.

Reunem-se no presente volume diversos estudos em que é abordada, ou aflorada a propósito de outras matérias, a problemática da integração europeia no período compreendido entre o final do século XX e os primeiros anos do novo milénio.

SUMÁRIO

I – PROBLEMAS DA INTEGRAÇÃO EUROPEIA

A UNIÃO MONETÁRIA E O FEDERALISMO FINANCEIRO (*)

1. Embora tenha havido em Maastricht uma discussão acerca da inclusão no Tratado da União Europeia de uma referência ao objectivo federal, não parece que os Estados-membros tivessem perfeita consciência das implicações do passo que decidiram dar, o qual poderia colocar a Comunidade no limiar do Estado federal europeu.

Pela primeira vez, fora na verdade prevista uma transferência de poderes para as autoridades supranacionais numa área fundamental situada no âmago da soberania nacional – a política monetária.

Porém, à construção da união monetária segundo um esquema federal não correspondeu análoga realização no plano da união económica, no qual o princípio de coordenação de políticas nacionais, determinadas à escala dos Estados-membros, permaneceu inalterado.

2. É óbvio que a intenção dos negociadores de Maastricht não era a conversão da Comunidade num Estado federal. A questão não foi sequer discutida, e acordou-se em que a situação básica da Comunidade não seria modificada, com excepção da implantação da união monetária e da sua nova autoridade supranacional.

Não se deu abertamente atenção à possibilidade de efeitos de alastramento, gerados pela instituição da união monetária.

Não tendo a transferência para o domínio supranacional de tarefas e funções atinentes à política monetária sido complementada por uma transferência paralela em outras áreas da política macro-económica[1], gerou-se

(*) Versão em língua portuguesa da comunicação "IGE 2000 and Fiscal Federalism", apresentada no colóquio das Cátedras Jean Monnet sobre a Conferência Intergovernamental 2000, que se realizou em Bruxelas, em Julho de 2000.

[1] Foi decidido "criar uma união monetária sem (ou antes de) se atribuir à Comunidade outras funções importantes, que vão desde a política orçamental à segurança interna e externa." Tommaso Padoa – Schioppa, «The Road for Monetary Union in Europe», Clarendon Press, Oxford, 1994, p. 188.

uma situação híbrida, na qual a união monetária surge como uma espécie de embrião de Estado federal, no meio de uma estrutura que mantém as características intergovernamentais originais.

Isto pode explicar, em parte, a persistente fraqueza do euro em relação ao dólar. A moeda europeia não tem apoio num poder económico unificado, cuja autoridade se estenda por todo o território em que circula – o que não deixa de suscitar dúvidas nos mercados sobre a consistência da política económica em que se enquadra.

3. O mesmo tipo de dicotomia que está subjacente à visão dos pilares da União Europeia manifesta-se na própria concepção da união económica e monetária, que até hoje constitui o estádio mais avançado da integração:

- a vertente monetária baseando-se numa transferência de soberania para uma autoridade supranacional plenamente independente;
- a vertente económica permanecendo assente num processo de cooperação através da harmonização das políticas económicas nacionais.

Ora, o isolamento da política monetária em relação às outras componentes da política económica não pode conceber-se em termos absolutos. Com efeito, a missão conferida ao Banco Central Europeu com respeito à estabilidade de preços está dependente, na sua realização, dos progressos que ocorram nas áreas da política orçamental e da política de rendimentos.

Pelo pacto de estabilidade e crescimento, as políticas monetárias nacionais ficaram sujeitas a regras limitadoras da extensão dos défices, visando restringir-se o potencial inflacionista das acções governamentais.

Mas em todos os outros aspectos a responsabilidade pela estrutura dos orçamentos nacionais permaneceu na competência das autoridades dos Estados-membros, somente sujeita a certo grau de coordenação através de mecanismos de supervisão multilateral.

A natureza diferente das facetas que compõem a união económica e a união monetária pode criar dificuldades no desempenho da missão do Banco Central Europeu – até porque o mandato que foi conferido ao BCE não é o de cooperar na definição global da política económica da Comunidade; é o de prosseguir, de modo assaz inflexível, o objectivo estatutário único de manter a estabilidade de preços.

Poderão, assim, vir a ocorrer choques entre o BCE e as autoridades económicas nacionais (e as próprias opiniões públicas), caso a percepção pelas últimas das prioridades da política económica passe a divergir da visão presumivelmente imutável do orgão supranacional. A política monetária está entrosada com os outros instrumentos de regulação macro-económica.

4. Em contraste com os temas que estiveram no centro de anteriores experiências supranacionais (v.g., carvão e aço), a moeda exerce uma influência geral sobre os mercados, pelo que não se configura como instrumento adequado para um tipo de federalismo restrito ou sectorial, que operasse isoladamente em relação ao resto da economia.

Tendo os Estados-membros da União Europeia sido privados não só dos instrumentos da política monetária, mas também da margem que possuíam na condução das suas políticas orçamentais, a vulnerabilidade aos efeitos de choques assimétricos (choques que atinjam especificamente algum ou alguns países membros) tornou-se maior.

Em acréscimo a estes aspectos negativos para a condução de políticas de estabilização eficientes vêm as insuficiências relacionadas com a concepção da UEM consagrada no Tratado da União Europeia.

A dimensão da solidariedade, inerente a um sistema federal, não integra aquela concepção. Em vez de ter migrado para o núcleo da UEM, a solidariedade, traduzida na "coesão económica e social", continuou a constituir modestamente uma de entre várias políticas complementares, que se estendem para além da esfera económica, mas de que o elemento federal está claramente ausente.

Na discussão da Agenda 2000, a atitude pouco receptiva dos contribuintes líquidos tradicionais evidenciou as incertezas de uma política de coesão exterior ao núcleo da UEM.

5. A necessidade de dar apoio à união monetária pela criação de uma união económica autêntica, na qual as acções de política de estabilização se efectivariam e, desejavelmente, pudessem ser fortalecidos os mecanismos de redistribuição inter-regional, e criados melhores laços entre o BCE e as autoridades responsáveis pela política económica global, pode levar a um impulso na direcção de certo grau de federalismo financeiro – tendo na sua base a moeda comum.

Tal evolução implica, contudo, que os Estados-membros se munam de vontade política para concretizar as necessárias modificações.

Ora, a verdade é que essa vontade política, que não emergiu durante as negociações que conduziram ao Tratado de Maastricht, continua hoje a faltar.

O federalismo monetário foi instituído na União Europeia de um modo que se pretendia "asséptico". Os Estados-membros tinham-se apercebido de que a soberania monetária real deixara de existir (com a única excepção da Alemanha – o que explica que este país tenha exigido a adopção do seu modelo de banco central como compensação para a perda da posição dominante de que desfrutava no Sistema Monetário Europeu). Em tal situação, a transferência dos poderes de regulação monetária para uma entidade supranacional, de composição tecnocrática, vinculada a um objectivo pré-definido – não requerendo escolhas de política –, parecia relativamente indolor.

6. As coisas mudam por completo quando é transposto o limiar do federalismo financeiro. Aí, a transferência dos poderes nacionais para entidades supranacionais, configuradas como uma espécie de "Governo económico europeu", implica um sacrifício real de soberania em aspectos cruciais das políticas dos Estados.

A generalização à união económica do tipo de supranacionalismo já existente na união monetária não pode ser operada por via de um simples acrescentamento ao BCE de outras instâncias não eleitas, porquanto envolve a transferência para as autoridades políticas da Comunidade de tarefas tradicionalmente realizadas por Governos nacionais, em campos dominados por escolhas específicas de política económica e social, bem como a cedência de alguns poderes de criar impostos, até agora zelosamente mantidos pelos Estados-membros. O princípio "no taxation without representation" requereria então a assunção de efectivos poderes nesta área por um Parlamento supranacional.

Diferentemente do federalismo monetário, que foi prosseguido como implicação lógica da criação de um mercado interno, representando, afinal, mais um episódio no processo de integração económica, o federalismo financeiro tende a ser inseparável de um movimento no sentido da instituição da união política, e liga-se à visão do Estado federal.

Enquanto o presente modelo da UEM subsistir, sendo a transferência basicamente limitada ao poder de emitir e regular a nova moeda (e, além disso, não havendo sequer coincidência entre o elenco dos membros da UEM e o dos membros da União), os Estados não parecem estar próximos de perder a sua soberania internacional[2].

---

[2] House of Lords – Selected Committee on the European Communities, «Economic and Monetary Union and Political Union, Vol. I – Report», HMSO, London, 1990, p. 49.

Mas, ao progredir para o federalismo financeiro, a União Europeia não deixaria de se apoderar de certas funções-chave dos Estados. E viria então à superfície a questão de saber até que ponto poderia ser transferida a competência para uma entidade supranacional, sem se pôr em causa o estatuto dos Estados-membros como Estados soberanos à face do direito internacional.

7. Na falta de consenso entre os Estados-membros quanto ao federalismo político[3], e quanto a admitirem, mais cedo ou mais tarde, que se atinja o limiar de um Estado federal (grande número de Estados parecendo, compreensivelmente, não estar dispostos a encarar o desaparecimento do seu estatuto como "senhores" dos Tratados), a inclusão deste tema na CIG 2000, tendo um efeito divisório, não é de aconselhar.

Isto não impede, no entanto, que possam (e devam) discutir-se e propor-se soluções sobre medidas específicas de apoio da união monetária, como a que envolve a criação de um fundo para assistência em choques assimétricos.

[3] "Por agora os Estados-membros não estão dispostos a alterar as estruturas da Comunidade Europeia e a criar um Estado federal". Martin Seidel, «Constitutional Aspects of Economic and Monetary Union», in «Constitutional Dimensions of European Economic Integration» (Francis Snyder, Ed.), Kluwer Law International, London, 1996, p. 48.

O PENDOR FEDERAL DA INTEGRAÇÃO. A UNIÃO EUROPEIA E O MERCOSUL (*)

OS IMPULSOS FEDERAIS NA INTEGRAÇÃO EUROPEIA

1. Quando, em 1930, Aristide Briand propôs na Sociedade das Nações a criação de um "vínculo federal entre os povos da Europa", estava apenas a delinear uma fórmula de cooperação intergovernamental entre as nações europeias. Daí a sua afirmação de que o acordo sugerido seria realizado no plano da soberania absoluta dos Estados ou que a "federação" seria "suficientemente flexível para respeitar a independência e a soberania nacional de cada um dos Estados". No projecto de Briand, o termo "federal" estava longe de ser utilizado no seu sentido rigoroso.

Já na concepção de Monnet-Schuman, a qual está na origem do actual processo de integração europeia, o federalismo é abertamente assumido em termos de transferências de soberania e de constituição, a prazo, do Estado federal – é a visão dos Estados Unidos da Europa. O ponto de partida era o reconhecimento de que as nações soberanas do passado se haviam tornado demasiado pequenas para o mundo do pós-guerra: teriam deixado de ser o quadro adequado à resolução dos problemas que se lhes deparavam. Daí a construção progressiva da Europa através de sucessivas delegações de soberania, pelo mecanismo de "spill over" impulsionado pelo estabelecimento de uma autoridade internacional para gerir o sector do carvão e do aço.

Nesta linha, os governos deveriam preparar-se para proceder à transferência dos "suplementos de soberania" necessários à formação de uma autêntica União Europeia.

(*) Comunicação apresentada no Seminário Internacional Mercosul e União Europeia, Vitória (Brasil), 20 de Novembro de 2000, constituindo basicamente a versão portuguesa do estudo "The federalist impulses in the European integration" (adiante apresentado), com o aditamento de uma reflexão sobre a supranacionalidade no contexto do Mercosul.

2. A concepção federal da integração europeia foi vertida no Tratado de Paris, que instituiu a Comunidade Europeia do Carvão e do Aço e constituiu o primeiro exemplo de "federalismo de sector". Embora por vezes se contraponha o modelo desta Comunidade de integração vertical, que seria precisamente caracterizado pela dominante supranacional (independência da Alta Autoridade e papel central desta no processo de tomada de decisões) ao da Comunidade Económica Europeia, onde se reconheceria a dominante intergovernamental, reflectida na supremacia do Conselho de Ministros, em cujo funcionamento, para mais, imperou durante bastantes anos a regra da unanimidade, a verdade é que, não obstante a colocação em surdina da qualificação supranacional, a CEE estava estruturada por forma a gerar certa dinâmica federal, a qual com o correr dos tempos se acentuou fortemente.

De qualquer forma, foi superado o modelo alternativo de integração europeia fundado no intergovernamentalismo, na simples cooperação entre Estados soberanos. Neste modelo enquadrava-se tanto a visão gaullista da "Europe des Patries", nos anos 60, como, muito mais tarde, a diatribe da Primeira Ministra Margaret Thatcher contra o Superestado europeu exercendo o seu domínio a partir de Bruxelas.

3. Os impulsos federais ou supranacionais na construção europeia têm provindo fundamentalmente de duas origens: a evolução do sistema jurídico comunitário, por via da consagração pelo orgão jurisdicional da visão da supremacia e da assimilação do Tratado à carta constitucional da Comunidade; as sucessivas revisões dos Tratados europeus, em que umas vezes elementos supranacionais se insinuam por forma discreta (o Acto Único Europeu lançando o processo de cooperação, que fez ascender o Parlamento à área da função legislativa, ou afastando o requisito da unanimidade na tomada de decisões relativas à criação do mercado in-terno; o Tratado de Amesterdão alargando os domínios em que é aplicável a co-decisão e as situações em que se torna suficiente a votação maioritária no Conselho, e, ainda, "comunitarizando" parcialmente o 3ºpilar da União Europeia), outras vezes é dado frontalmente acolhimento à perspectiva federal.

Esta última via de acentuação de traços federais decorre do Tratado da União Europeia, mercê do qual a integração comunitária atingiu novo e mais exigente patamar, o da união económica e monetária. Mas não se tratou apenas da transferência integral do poder relativo à moeda para orgãos supranacionais; há que lembrar ainda, entre outros aspectos, a instituição da cidadania da União, o lançamento do processo de co-decisão e a possibilidade de sujeição dos Estados membros a sanções pecuniárias.

4. O último elemento, por ser muito recente, merece alguma reflexão. Nos termos do artigo 228º (ex artigo 171º) do Tratado CE, tal como revisto pelo Tratado da União Europeia, se o Tribunal de Justiça declarar verificado o incumprimento, por parte de um Estado membro, das obrigações decorrentes do direito comunitário, e se o Estado em causa não tomar as medidas necessárias para a execução do acordão do tribunal, pode o Estado prevaricador ser condenado ao pagamento de uma quantia fixa ou progressiva correspondente a uma sanção pecuniária.

Com a nova formulação do preceito – anteriormente, os poderes do orgão jurisdicional não ultrapassavam o campo da mera verificação do incumprimento (quer da norma substantiva violada, quer do acordão com que terminava o processo) – introduziu-se no quadro comunitário, onde até aí apenas se previa a aplicação de multas a particulares ou empresas, a possibilidade de análogo sancionamento dos comportamentos dos próprios Estados.

Não é este, aliás, o único domínio onde isto passou a suceder: no plano da união económica e monetária também se previu a sujeição dos Estados membros a sanções pecuniárias no âmbito dos esforços de repressão dos défices orçamentais excessivos – como resulta do artigo 104º(ex artigo 104º-C) do Tratado CE, precisado e completado por um dos regulamentos integrantes do Pacto de Estabilidade e Crescimento.

Só que no caso da UEM a decisão de estabelecer as penalidades cabe aos demais países membros, e não já ao orgão jurisdicional comunitário.

A aplicação aos Estados membros de sanções pecuniárias pela persistência no incumprimento das normas comunitárias ou do incurso na situação de défice excessivo constitui um traço novo do processo de integração europeia, com forte conotação federal.

É certo que continua a faltar no âmbito da Comunidade o elemento de coerção capaz de levar os Estados à efectiva correcção dos seus comportamentos. Mas não o é menos que a susceptibilidade de aplicação das sanções pecuniárias representa um poderoso factor de dissuasão dos Estados membros quanto a insistirem na prática de políticas contrárias às regras comunitárias.

Dada a particular delicadeza de que se reveste o processo dos défices excessivos, em que a presumível falta de um Estado membro é submetida a julgamento pelos restantes, com os compreensíveis reflexos políticos desta situação, pode pôr-se em dúvida a efectividade prática do funcionamento do mecanismo dos depósitos não remunerados e respectiva conversão em sanções pecuniárias.

Mas semelhante obstáculo não parece deparar-se no caminho do sancionamento do incumprimento reiterado. Aí está-se no terreno bem conhecido da sujeição às decisões do Tribunal de Justiça, assinalando o termo de um processo em que é determinante o papel da Comissão como guardiã do Tratado.

Foi nesta linha que, no recente processo C-387/97 (Comissão contra República Helénica), se viu pela primeira vez proposta a aplicação de uma multa a um Estado – dentro da visão de que, não se tratando de punir esse Estado pelo seu incumprimento, o que está em causa é instá-lo a cumprir –, devendo a sanção aplicada, como o definiu o advogado geral nas respectivas conclusões, ser suficientemente elevada para que o Estado membro decida emendar o seu comportamento, ou seja, ser superior ao benefício que o Estado membro obtenha da infracção praticada.

O referido processo culminou com a emissão pelo Tribunal de Justiça das Comunidades Europeias de um Acórdão, condenando a Grécia a pagar à Comissão uma sanção pecuniária correspondente a vinte mil euros por dia de atraso na aplicação das medidas necessárias para dar cumprimento ao determinado no anterior Acórdão Comissão/Grécia, de 7 de Abril de 1992.

5. Um inesperado traço centralizador parece resultar da advertência dirigida em 31 de Janeiro de 2000 à Áustria pelos restantes catorze Estados membros da União Europeia, transmitida pelo Governo do país que detinha a presidência – Portugal –, no sentido de que, caso determinado partido de extrema direita ingressasse na coligação governamental naquele país, como efectivamente veio a suceder, cada um desses Estados procederia à suspensão dos contactos bilaterais a nível político e diplomático.

Trata-se de uma interferência na política interna de um Estado membro, de discutível oportunidade, para a qual não se conhece precedente, e que é baseada não já em violação consumada de princípios fundamentais do ordenamento da União Europeia (situação para que existem desde o Tratado de Amesterdão mecanismos sancionatórios), mas tão somente no receio de que tal violação possa vir a ocorrer.

Configurando-se mais como uma reacção ao estilo da Santa Aliança do que como produto de uma impulsão federal formalizada, a iniciativa dos catorze não deixa de pressagiar um novo plano de redução da soberania dos Estados membros.

As sanções aplicadas à Áustria vieram a ser retiradas alguns meses depois, sem que nada tivesse mudado na vida política desse país. Para poderem salvar a face ao encerrarem o embaraçoso episódio, os catorze utilizaram o conhecido método de recorrer a uma comissão de três "sábios", a qual concluiu, como se esperava, que na Áustria não se praticavam as receadas violações. Assim se concluiu um processo lançado com "entradas de leão"...

6. Não é de excluir que novos impulsos supranacionais se gerem, mesmo na ausência de fervor dos Estados no sentido da evolução para estruturas federativas.

Por um lado, estabelecida a união monetária, com o respectivo aparelho institucional, sem que se tenha concretizado uma estrutura paralela no campo da política económica, é possível que se suscite o conhecido mecanismo da engrenagem no sentido do federalismo financeiro. Por outro lado, a menos que se processem segundo um esquema estabilizado e duradouro de geometria variável, os alargamentos previstos, quase duplcando o número de Estados membros, poderão implicar a introdução de novos traços supranacionais pelo simples imperativo de eficácia e operacionalidade no funcionamento das instituições comunitárias.

Perante a penetração crescente dos elementos federais, o reduto do poder dos Estados tem como componentes fundamentais as exigências de votação unânime do Conselho em determinadas áreas comunitárias, quer em forma directa, como sucede no domínio da harmonização fiscal, quer assumidas no termo de um processo, como é o caso da invocação, a propósito da cooperação reforçada, de interesses muito importantes de política nacional; a posição determinante do Conselho Europeu (com a nota de ambiguidade de se tratar de uma instituição intergovernamental, mas que se tem mostrado capaz de propôr, como aconteceu em Maastricht, soluções com forte marca federal); a dependência das revisões dos Tratados da ratificação por todos os Estados membros; e a natureza claramente não supranacional do 2ºpilar (política externa e de segurança comum).

7. O modelo federal dos Estados Unidos da América é intransponível para a Europa.

Já Alexis de Tocqueville comentava que na América os Estados confederados tinham durante muito tempo feito parte do mesmo império, não haviam contraído o hábito de se governar a si próprios, os preconceitos nacionais não tinham podido criar raízes profundas. A todos estes elementos bastaria acrescentar a homogeneidade cultural e linguística para se recortar, em negativo, o retrato sobre que assenta a actual dinâmica da integração europeia.

A federação americana cresceu, assim, a partir de unidades desprovidas de verdadeira autonomia, o que bem explica que Alexander Hamilton tenha chegado a pôr em dúvida a subsistência dos Estados como unidades políticas a partir da criação da União. E nos ensaios divulgados na série "The Federalist", não obstante o cuidado posto pelos autores na afirmação, aparentemente destinada a sossegar os Estados, de que seriam escassos os poderes delegados pela Constituição no Governo federal, todos os outros permanecendo na esfera da competência reservada dos Estados, não se hesitava em caracterizar a realidade como "uma nação sob um Governo federal".

A visão "nacionalizadora" que dominou a criação da federação americana explica, em grande parte, a relativa facilidade com que se estabeleceu um poder central forte e se conseguiu depois consolidar um Estado-nação relativamente unificado.

Ora, estando ausentes da experiência europeia os pressupostos do processo político americano, parece claro que, mesmo que venha a intensificar-se na Europa a dinâmica federal, ela não poderá conduzir à fórmula centralizadora da experiência dos EUA. Em particular, dificilmente os Estados europeus aceitarão despojar-se dos seus poderes até ao ponto em que o fizeram as unidades da federação americana.

8. É assim que, excepção feita aos defensores mais acérrimos de um "arquifederalismo" envolvendo a instituição do Superestado europeu (segundo o modelo dos Estados Unidos da América, onde o Presidente e as duas Câmaras do Parlamento são eleitos directamente pelo povo, sendo certo que uma delas é composta por dois membros por cada Estado federado), as correntes favoráveis a uma visão federal da Europa incitam a uma evolução no sentido daquilo que é designado por "neo-federalismo", espécie de federalismo temperado por traços intergovernamentais. Neste, reconhece-se a dupla legitimidade – a dos cidadãos, que está na base da designação dos membros do Parlamento Europeu, e a dos Estados, encarnada no Conselho, formado por representantes dos Governos nacionais –, estando a Comissão ligada a ambas as legitimidades, na medida em que, sendo os seus membros escolhidos pelos Governos, depende do Parlamento quer a nível da investidura, quer em termos de demissão colectiva por aprovação da moção de censura.

É a esta visão de federalismo atenuado que se reconduz o "modelo federal descentralizado e cooperativo" que constava da proposta de Constituição da União Europeia apresentada em Setembro de 1993 no seio do Parlamento Europeu. Aí se afastava o clássico modelo federal, tido por inaceitável, pois relegaria os Estados à posição dos Laender da Alemanha, assim como o modelo federalista regional, ainda mais desgarrado da realidade, no qual o Comité das Regiões assumiria o poder de co-decisão com o Parlamento Europeu.

No modelo descentralizado, o Parlamento Europeu alcançaria a plena paridade com o Conselho no processo legislativo e de tomada de decisões, processando-se a execução das mesmas ao nível dos Estados.

9. Se bem que seja inerente ao federalismo a marca descentralizadora, dominante nos casos em que a federação resulta da transformação de um Estado unitário, como sucedeu na Bélgica, mas que também tem relevância no interior de um Estado federal já constituído, mercê da afirmação do princípio da subsidiariedade, a verdade é que a perspectiva federal, quando assumida por um grupo de Estados soberanos, não deixa de se caracterizar por uma imagem de centralismo, na medida em que cada um desses Estados transfere importantes poderes para orgãos próprios situados ao nível da federação.

O processo de integração europeia não se vem desenvolvendo segundo os modelos clássicos dos agrupamentos de Estados. A fórmula típica confederal não foi tentada (salvo talvez nas iniciativas francesas dos anos 60). A integração europeia demorou décadas até incluir os domínios tradicionais das confederações (política externa e defesa), e mesmo assim fê-lo à margem dos mecanismos próprios de uma Comunidade centrada nas matérias económicas.

Por outro lado, nas autênticas federações, diferentemente do que se passa nas fórmulas confederais, os Estados membros, ainda que mantenham poderes substanciais na ordem interna, transferem para o plano do novo Governo central a esfera das relações externas e da defesa. E é o Estado federal no seu todo que é soberano à face do direito internacional. Também não se ajusta a esta descrição o processo de construção europeia.

O que há de profundamente original na Comunidade Europeia (e hoje, mais ainda, na realidade mais ampla que é a União Europeia) é o seu carácter híbrido, a presença simultânea de elementos atinentes à visão supranacional e à de cooperação intergovernamental. Estes elementos são oscilantes, porque o processo de integração é evolutivo e dinâmico.

10. Desde o período inicial da CEE eram reconhecidas as características federais, ou supranacionais, ou centrípetas, da Comunidade Económica Europeia: a duração ilimitada; a autonomia do aparelho institucional; a participação das instituições na revisão do Tratado; a assunção de competências em matérias importantes por efeito da renúncia dos Estados ao respectivo exercício; a detenção de poder legislativo pelas instituições comunitárias; a sujeição dos Estados membros a decisões tomadas por maioria; o reconhecimento jurisdicional das situações de incumprimento; a existência de poder directo sobre os cidadãos dos Estados europeus.

Em contraponto, notava-se, porém, a presença de elementos "internacionalistas", próprios da cooperação intergovernamental –, "confederais" ou centrífugos: a base convencional da Comunidade; assente num tratado internacional que os Estados membros poderiam a todo o tempo revogar, e em cujos processos de revisão são inprescindíveis as ratificações nacionais; a limitação do campo das competências aos domínios especificados no Tratado (competências de atribuição), com retenção pelos Estados dos poderes soberanos em todos os campos em que as transferências não se hajam operado (em particular o da política externa e defesa); a incapacidade de o Tribunal de Justiça anular actos dos Estados; o papel dominante dos Estados membros na formação das normas do direito comunitário derivado.

O cotejo entre uns e outros elementos levava a que se renunciasse a enquadrar a Comunidade em modelos de organização política e económica já experimentados, e a colocá-la "a meio caminho" entre a organização internacional à base de simples cooperação e o Estado federal, e a concluir-se o exame da sua natureza pela nada esclarecedora qualificação de "comunitária"... A Comunidade seria, como alguém referiu, "um extraordinário laboratório, inclassificável em esquemas pré-fixados".

11. Na evolução da integração europeia que se processou a partir do lançamento da CEE quase não houve retrocessos (excepção feita talvez à posição francesa a favor da unanimidade nas votações do Conselho, geradora do compromisso de Luxemburgo de 1966). A tendência foi de acentuação dos traços federais, quer pela construção e consolidação dos princípios do ordenamento comunitário (veja-se a doutrina do primado e a extensão do efeito directo, resultantes de construções jurisprudenciais), quer pelo desenvolvimento de competências comunitárias para além das disposições que vêm expressas no Tratado, por aplicação da "cláusula evolutiva" neste contida ou por influência da teoria dos poderes implícitos.

Por outro lado, da concepção internacionalista dominante à partida, e ainda reflectida em decisões fundamentais do Tribunal de Justiça, como sucedeu no acordão Van Gend, em 1963, ao fazer-se referência à nova ordem jurídica de direito internacional, passou-se a uma visão mais marcadamente ligada a uma perspectiva federalista, qualificando-se os tratados, como o fez em 1986 o acordão "Les Verts-Parti Écologiste", como a "carta constitucional da Comunidade", e identificando-se as normas jurídicas deles derivadas como a "lei interna" da Comunidade. Construiu-se, assim, um "sistema federal de direito".

12. Com o Tratado da União Europeia, as marcas federais registaram, até agora, o seu mais forte impulso. A criação da união económica e monetária abriu nova esfera de acção às instituições comunitárias, inclusivamente pela introdução de novo orgão de vincado carácter supranacional, o Banco Central Europeu – com a particularidade de se tratar, neste caso, de abdicação dos Estados quanto a um dos domínios tradicionalmente ligados ao cerne da soberania, o da moeda. Com isto, e com o alargamento das competências comunitárias a esferas extra-económicas, de que adveio, até, a redenominação como "Comunidade Europeia", sofre natural atenuação a característica da transferência de poderes operando em domínios limitados, a qual fazia todo o sentido na CECA e mesmo na primeira fase da CEE. Até porque a consagração dos pilares extra-comunitários traz para o interior do processo europeu as matérias da política externa e de segurança e da cooperação judiciária e policial ligadas à livre circulação das pessoas, matérias que, por agora, são submetidas a uma regulação com dominante intergovernamental, mas cuja introdução no sistema as torna, por assim dizer, disponíveis para eventuais mutações no sentido supranacional.

Para tais mutações ocorrerem bastaria que se determinasse a sujeição, sem reservas, de todas as questões no âmbito da política externa e de segurança comum a decisão maioritária. Deixando os Estados membros, individualmente considerados, de ter a última palavra nestes assuntos, estaria facilitada a conversão da organização europeia num novo Estado, que assumiria, no essencial, o poder de celebrar tratados e no qual, no limite, se concentraria a capacidade de ser membro das organizações internacionais e de manter a representação diplomática junto de Estados estrangeiros. Com a "comunitarização" do 2º pilar suscitar-se-ia para a União a aproximação do "limiar estatal".

Mas a aceleração federal poderá processar-se não só por "comunitarização" dos pilares intergovernamentais, como pelo desenvolvimento que venha a imprimir-se à vertente económica da UEM, pondo-a em paralelo com a vertente monetária. Trata-se aqui da influência da acção catalítica da moeda única. A entrar-se francamente no caminho de federalismo fiscal e orçamental, não estaria distante a consolidação da estrutura política da União no sentido federal.

13. Não tendo os passos que ficam referidos sido dados, a já referida originalidade da Comunidade – ligada à presença híbrida de factores federais e factores intergovernamentais – continua bem viva. Só que, com a progressão de traços federais, ficou mais próxima a linha que separa a União da estrutura federal em sentido próprio. E a ambição de prosseguir nessa direcção, não obstante a heterogeneidade suscitada pelos próximos alargamentos, leva a congeminar soluções de geometria variável, por via de mecanismos de "cooperação reforçada", permitindo que a integração assuma intensidades diferentes, a partir do círculo formado por um "núcleo duro" de países (conceito que anda por vezes associado à visão, temida pelos Estados membros de pequena e média dimensão, de um directório das maiores potências).

São aqueles mecanismos de cooperação reforçada, de que o Tratado de Amesterdão foi o introdutor no processo de integração europeia – até então a diferenciação fora apenas acolhida a propósito de casos pontuais, por muito grande que fosse a importância destes, como aconteceu com as condições de lançamento da união monetária –, que têm estado na base das visões a longo prazo de aceleração da integração política, como as formuladas recentemente pelo Ministro dos Negócios Estrangeiros da Alemanha, Joschka Fischer, e pelo Presidente francês Jacques Chirac.

O primeiro apela sem rebuço para a formação do Estado federal europeu, novo Estado soberano a ser criado em substituição dos antigos Estados nações, a partir de um "tratado constitucional" que confira à Federação os domínios essenciais da soberania. Jacques Chirac procura afastar o qualificativo "federal", insistindo na natureza "sui generis" da União, e despromove a Comissão Europeia, substituindo-a, pelo menos quanto às novas matérias a ser introduzidas, por um secretariado.

Não obstante as flagrantes diferenças entre as propostas, na raiz de ambas está a diferenciação: Fischer refere uma "vanguarda", um "centro de gravidade", composto pelos Estados capazes de progredir na via da integração política, e a este propósito sublinha o papel motor da França e da Alemanha; Chirac recorre, no mesmo sentido, à expressão "grupo pioneiro".

Por detrás destas propostas, parece perfilar-se a perspectiva de entendimento entre os Estados grandes, apresentados como impulsionadores e protagonistas do movimento. Em certo sentido, o federalismo poderá, até, servir de capa para uma solução de cariz intergovernamental, em que se acentue o predomínio dos Estados mais poderosos...

14. Ora, sendo provável que o impulso federal continue a exercer-se, não é de prever que os Estados europeus venham a aceitar o que equivaleria à sua prática dissolução (por muito que se sustentasse o respeito pelas identidades nacionais) numa estrutura federal pura. Como se sabe, os Estados de uma federação autêntica não são soberanos no sentido do direito internacional, compartilhando a esta luz da natureza das regiões e das diferentes unidades através das quais se exprime a descentralização do Estado.

Não é verdade que, como sustentaram alguns opositores à moeda única europeia, o estabelecimento da união económica e monetária leve inevitavelmente, a longo prazo, à criação de um Estado federal europeu, responsável pela política externa e de segurança e pela política social e económica. Mais cautelosos quanto à admissibilidade de uma ligação automática entre a UEM e o federalismo futuro parecem ser actualmente os próprios defensores da Europa federal, porventura por se lembrarem das limitações do potencial de endentação do Carvão e do Aço.

15. O futuro federal da Europa fica a depender de eventuais transferências de competências em matéria de política externa e defesa para o plano supranacional, e também da criação de uma verdadeira união económica a partir de substanciais cedências de poderes nos planos orçamental e fiscal. Caso tais transferências se concretizassem, seriam ultrapassadas as bases da simples coordenação de políticas nacionais em campos decisivos para a afirmação da soberania dos Estados.

Ora, se, até aqui, os países europeus se têm mostrado dispostos a incorrer em específicas mas importantes limitações de soberania (sob o manto da teoria da "soberania partilhada"), nada indica que se proponham ir até ao ponto de praticarem uma abdicação total dos poderes soberanos, implicando o desaparecimento dos Estados em face do direito internacional e a formação de nova estrutura estatal regida por uma Constituição federal.

A ideia da federação europeia por via de plena constitucionalização dos tratados e da formação de um novo Estado central detentor da "Kompetenz Kompetenz" corresponde a uma visão longínqua. Não existe, como realidade psico-sociológica, uma "nação europeia", e é de reconhecer, ao invés, que o Estado-nação conserva apreciável teor de vitalidade, não obstante o orgulho nacional, tão aceso na grande federação moderna que são os Estados Unidos da América, se ter vindo a atenuar nos países europeus.

O processo de integração tem, decerto, boas razões para prosseguir – sendo inegável que em numerosos domínios da vida colectiva o quadro nacional dos países europeus se mostra demasiado limitado para nele se encontrar a solução dos problemas-, mas sem que se chegue ao ponto extremo representado pela perda do estatuto soberano dos Estados à face do direito internacional.

De resto, como ficou apontado, o federalismo europeu tem-se desenvolvido por impulsos, ou por surtos, incidindo parcelarmente sobre aspectos diversos do quadro jurídico, político e económico em que se processa a integração. Não decorre, assim, do desenrolar metódico de uma estratégia adoptada para execução de um programa explícito e pré-estabelecido visando a criação de uma federação.

Nem mesmo o próprio termo "federal" tem sido utilizado nos tratados europeus para qualificar o objectivo que a União se propõe alcançar. Quando da instituição da Comunidade do Carvão e do Aço, ainda se consagrou a referência a "supranacional"; depois, porém, passou a aludir-se, por forma menos comprometida com um específico figurino, à "união cada vez mais estreita entre os povos da Europa". Mas esta preocupação de evitar o uso de palavra de tão forte conteúdo emocional não evitou que o pendor federal se fosse acentuando à medida que a Comunidade e a União evoluiam para graus mais exigentes de integracionismo.

Não seria de surpreender, assim, que a União Europeia viesse por muito tempo a manter a estrutura híbrida de que tem dimanado a sua originalidade, muito provavelmente com reforço da vertente federal (pelo menos nas formas mais avançadas de concretização de esquemas de geometria variável), mas sem ir ao ponto de os Estados renunciarem ao controlo que detêm em aspectos vitais,como o da aprovação unânime das revisões dos textos convencionais em que se funda a União. A manutenção da exigência de que tal aprovação seja feita por todos os membros indu-los à convicção, aparentemente tranquilizadora, de que continuam a ser os "senhores dos tratados" – convicção que todavia, se vai revelando em alguma medida ilusória, atenta a densidade e a difícil reversibilidade dos compromissos implicados na dinâmica da engrenagem da integração europeia.

16. A supranacionalidade, tão em voga no plano da União Europeia, não é, pelo menos por agora, característica do modelo institucional do Mercosul.

A iniciativa dos quatro países do cone meridional da América não comportou um objectivo político semelhante ao que, nos tratados europeus, se extrai da referência ao "processo de criação de uma união cada vez mais estreita entre os povos da Europa".

O Tratado de Assunção apenas visa o estabelecimento de um mercado comum. Nele nada se antecipa em relação à eventual criação de uma união económica e monetária – e, como se sabe, é na passagem a este estádio que as características federalizantes assumem papel decisivo.

E se o visado mercado comum sul-americano assenta numa união aduaneira – aliás, em si mesma imperfeita, dado o regime de excepções que se consagrou –, não é explicitado o alcance que se pretendeu dar à livre circulação dos factores produtivos, ingrediente essencial daquele modelo de integração.

Por outro lado, no que se refere ao aparelho institucional, se é certo existirem no Mercosul orgãos em homologia com os europeus – Conselho do Mercosul e Grupo do Mercosul, aparentados respectivamente ao Conselho Europeu e ao Conselho (de Ministros) da Comunidade –, não há estruturas correspondentes ao Parlamento Europeu, à Comissão, ao Tribunal de Justiça, os quais compõem precisamente o elenco dos orgãos com vocação supranacional (a que acresce hoje o Banco Central Europeu). De resto, com a adopção do regime consensual para o processo de tomada de decisões (reafirmado pelo Protocolo de Ouro Preto), ter-se-á visado excluir a presença de qualquer traço supranacional no funcionamento de orgãos de natureza originariamente intergovernamental.

Por último, é de apontar que as controvérsias entre os Estados membros do Mercosul sobre a interpretação e aplicação das disposições do Tratado de Assunção e das decisões do Conselho do Mercado Comum são reguladas segundo um esquema clássico de arbitragem internacional.

Para a resistência à supranacionalidade, resistência que constitui a marca dos actuais diplomas reguladores do Mercosul, poderá contribuir a desproporção, em termos económicos e demográficos, entre os Estados que o compõem. Em contraste com a União Europeia, em que coexistem quatro Estados membros grandes (a Alemanha terá um produto e uma população quando muito superiores em 1/3 às dos seus parceiros imediatos), o Brasil singulariza-se no contexto do Mercosul, onde, pelo número de habitantes e pela produção, é quatro ou cinco vezes maior do que o segundo país, a Argentina. A preservação da unidade territorial do Brasil, contrastando com a fragmentação do império espanhol das Américas, não terá sido um dos menores legados da presença portuguesa.

A repartição de poder a que inevitavelmente tem de proceder-se nos esquemas supranacionais, já de si tão complexa no quadro da União Europeia, dado o compreensível receio dos Estados médios e pequenos de se verem satelitizados, torna-se ainda mais difícil no Mercosul, perante um tão grande desnivelamento entre os participantes.

O EURO (*)

A visão da união monetária europeia, tal como foi incorporada no Tratado de Maastricht, está marcada por estritos princípios de rigor e de disciplina monetária, e pela prioridade absoluta posta no objectivo de estabilidade dos preços. É dificilmente compatível com a perspectiva de acentuação dos aspectos reais da expansão, do crescimento e do emprego, que foram omitidos ao traçar-se o quadro da união económica e monetária.

Recordo-me de que um autor francês dizia, há alguns anos, não compreender o aparente júbilo com que tantos países se empenhavam numa desfilada para o "banho gelado da união monetária", configurada como um regime desprovido de factores de solidariedade e apenas voltado para os estritos rigores monetários. Claro está que, mais tarde, a União Europeia tentou remediar as coisas, inserindo no Tratado de Amesterdão uma passagem de algum relevo sobre as políticas de emprego. Veio depois a cimeira de Lisboa, em Março deste ano, em que se proclamou, com certa jactância, um programa de dez anos para tornar o espaço económico europeu o mais dinâmico e competitivo do mundo, e assim ultrapassar os Estados Unidos. Entrando-se na moda actual, enaltece-se a economia digital, o potencial electrónico, a nova economia: é a tónica que vem sendo insuflada por um eixo que une Blair, na Grã-Bretanha, a Aznar, em Espanha, e que Portugal assumiu ao fixar a temática da conferência extraordinária de Lisboa.

O paradigma arquiconservador, que é o paradigma da união monetária, foi de algum modo temperado por estes aspectos, que põem a tónica nas preocupações com o emprego, o crescimento, a expansão real das economias, mas que, por agora, mais são retórica do que realizações efectivas.

Vou dividir a minha intervenção em cinco pontos.

(*) Estudo destinado ao livro de homenagem ao Professor Werter Faria (extraído do texto de uma conferência proferida no Instituto Europeu da Faculdade de Direito de Lisboa, em Julho de 2000).

Primeiro, os antecedentes; depois, a concepção da união económica e monetária; em terceiro lugar, os argumentos a favor e contra a moeda única; em quarto, a criação do euro e o regime jurídico que o enquadra; e em quinto, a situação actual e perspectivas.

Antecedentes: O Tratado de Roma, quando nasceu em 1957, quase nada continha sobre coordenação e unificação da política económica global, designadamente da política monetária.

O tema não era abordado por duas razões principais: primeiro, porque as relações monetárias eram regidas pelo acordo do Fundo Monetário Internacional, que então assegurava, a nível mundial, a estabilidade dos câmbios; depois, porque havia a preocupação de não afectar os poderes soberanos dos Estados, e via-se na moeda um elemento do cerne da soberania. Os países aceitaram, com facilidade, o compromisso de desmantelar direitos aduaneiros, mas não admitiam privar-se da soberania monetária.

O Tratado mostrava-se muito lacónico, limitando-se a expressões muito vagas , como a afirmação de que as políticas de conjuntura e as políticas monetárias eram questões de interesse comum. E assim se foi vivendo, até que em 1969 surgiu a ideia de dar passos em frente para formar uma união económica e monetária. Então eram seis os países membros da Comunidade Europeia – o bloco dos fundadores. Havia uma homogeneidade de posições, o que permitiu a aceitação do relatório de 1970, o relatório Werner. Segundo ele, adoptar-se-ia um esquema faseado, que estaria completo em 1980. A dez anos de vista, seria formada a união económica e monetária dos seis países que então compunham a Comunidade Económica Europeia.

O Conselho determinou que a primeira fase se concluiria em 1974, ficando prudentemente na indefinição quanto às seguintes: a ideia era chegar ao fim dos dez anos e lançar então uma moeda única, ou, se tal não fosse possível, ao menos consolidar nessa data as relações entre as moedas nacionais, mediante taxas de câmbio irrevogáveis, em contexto de plena interconvertibilidade.

Tratava-se, no fundo, de grudar as paridades recíprocas das moedas europeias, ou, em alternativa, de dar o passo definitivo e solene de criação da moeda única, com a correlativa supressão das moedas nacionais. Em qualquer dos casos, estaria formada uma união monetária entre os países participantes.

Do plano Werner pouco restou, para além da inspiração que animou as iniciativas ulteriores. O mundo entrou em grandes convulsões monetárias no início dos anos 70, foi a altura em que o dólar se desligou do ouro, tornando-se inconvertível. As principais moedas começaram a flutuar desconexamente, criando-se um ambiente nada propício para a concretização do projecto de unificação monetária europeia. E aconteceu que desabou em 73/74 sobre a Europa a crise petrolífera, afectando séria mas desigualmente as economias europeias e suscitando forte instabilidade. Só ficou de pé um dispositivo previsto para a primeira fase, nem sequer se tendo avançado para as fases seguintes.

Trata-se da criação da chamada "serpente monetária". O objectivo era atingir certa estabilidade nas relações entre as moedas europeias, com base num acordo entre os bancos centrais (o acordo de Basileia de 1972). Por este acordo, a margem de flutuação entre duas moedas europeias era reduzida de 4,5% (que era a margem resultante da revisão que fora operada do regime de Bretton Woods) para 2,25%. No novo contexto, as moedas europeias passavam a flutuar umas em relação às outras dentro de uma margem pequena, metade da anteriormente praticada. A forma gráfica com que esta evolução das moedas era representada explica a figura da "serpente" monetária.

Nesta primeira fase, as moedas europeias manteriam o seu regime próprio, os Estados conservariam a política monetária nacional, embora se processassem esforços acrescidos de coordenação. Haveria um limite de flutuação, assegurando-se uma faixa de estabilidade cambial, e comprometendo-se os bancos centrais europeus a apoiar-se mutuamente, com facilidades de crédito, para ajudar a manter as moedas dentro daquela faixa de variação.

Falou-se, a princípio, na "serpente no túnel", porque havia uma taxa fixa em relação ao dólar, representada graficamente por dois traços paralelos: era o túnel (de 2,25% de cada lado para cada moeda), dentro do qual oscilava a serpente, exprimindo a relação entre as moedas comunitárias. Em 1973 o túnel desabou, porque o dólar tornou-se uma moeda flutuante, como ainda hoje acontece. Desaparecido o túnel, a serpente subsistiu, marcando as relações recíprocas entre as moedas comunitárias. Mas isto num ambiente de grande perturbação económica e monetária, que levou muitos países a não conseguirem sustentar a sua moeda dentro da serpente, deixando de respeitar o compromisso de estabilidade cambial e passando a um regime de flutuação.

Primeiro foi a Inglaterra, que chegara a entrar para o mecanismo da serpente em Abril de 1972 e que quase de imediato se afastou; depois foi a Itália, que teve de abandonar em 1973; a própria França saiu, regressou, tornou a sair e não voltou mais. Em 1978 a serpente já estava reduzida ao marco e a escasso número de moedas de países próximos da Alemanha. Era uma espécie de zona marco, perdido o significado de arranjo europeu global que de início possuíra.

Surgiu então uma visão nova com a instituição do Sistema Monetário Europeu, a partir de Março de 1979. A ideia foi fazer reentrar no compromisso de estabilidade cambial as moedas que estavam fora (só uma, teimosamente, não reentrou: a libra esterlina). As restantes moedas que estavam fora da serpente reentraram no esquema da estabilidade cambial, com a mesma faixa de oscilação de 2,25%. A Itália aceitou reingressar, mas prevalecendo-se (temporariamente) de uma variação cambial mais ampla para a sua moeda (6%, em lugar da faixa normal de 2,25%).

O Sistema Monetário Europeu teve, além disso, o mérito de ter introduzido uma unidade de conta europeia, o ecu. Ecu é uma palavra francesa que se identifica com uma antiga moeda de ouro, e, ao mesmo tempo, a expressão corresponde às iniciais, em inglês, de European Currency Unity (unidade monetária europeia). Os franceses ficaram satisfeitos por verem a sua antiga moeda relembrada, os britânicos reviram-se na própria sigla do ECU.

O ecu era uma unidade compósita, não era uma moeda propriamente dita, mas como que o reflexo das moedas europeias nacionais que entravam para a sua composição. Constituía um cabaz monetário, um agregado de quantidades fixas de marcos, de francos franceses, de liras italianas, e de todas as demais moedas da Comunidade Económica Europeia. Foi-se para um sistema de ponderação, em que se atribuiu a cada moeda incluída na definição do ecu um determinado peso, ligado à importância relativa da economia dos respectivos países: assim, a representação do marco alemão foi de uns 30%, a do franco francês próxima de 20%, a da libra esterlina cerca de 15%, e assim por diante, até à diminuta representação do franco luxemburguês.

O ecu, que tinha dentro de si montantes expressos nas moedas dos países membros, sofria oscilações e flutuações nos mercados, por efeito da variação das cotações cambiais que, dia a dia, se ia processando.

O SME, que manteve, como se observou, a regra da serpente de 2,25% de margem normal de flutuação, agora alargada a 6% para a Itália e para outros países que fossem aderindo, vigorou durante quase vinte anos, e teve um comportamento globalmente positivo. Na sua evolução distinguirei quatro fases:

Entre 1979 e 1986 (primeira fase), houve certo teor de estabilidade das relações cambiais, com ajustamentos de paridades relativamente frequentes, mas não demasiado amplos. Em determinados momentos, procedeu-se ao reacerto das paridades cambiais, operarando-se a desvalorização ou revalorização de certas moedas em termos do ecu.

Entre 1987 e 1992, segundo período, houve plena estabilidade. Não se produziram ajustamentos dos valores centrais das moedas, conseguiu-se uma melhor harmonização das políticas monetárias, tornando desnecessárias alterações dos valores relativos das moedas. Em 1992 registava-se já um quinquénio de plena estabilidade, tudo parecendo indicar que estava aberto o caminho para a formação da união monetária. De resto, a peseta, a libra esterlina e, por último, o escudo haviam aderido ao mecanismo de taxas de câmbio do SME (só tendo ficado de fora o dracma grego).

Só que, terceiro momento da evolução do sistema, ocorreu uma crise cambial em 1992/93, em cujo contexto certas moedas se desvalorizaram, como aconteceu com a peseta e o escudo por mais de uma vez, enquanto outras, não conseguindo manter a observância do compromisso cambial, foram retiradas do mecanismo – caso da libra esterlina e da lira italiana. Em Agosto de 1993, foi decidido alargar as margens de flutuação das moedas, de 2,25% (e 6%) para 15%. A margem admitida foi ampliada, num esforço, que teve êxito, de se contrariar a especulação contra as moedas mais fracas, ou que se previa propensas a desvalorizar. Enquanto a margem era muito apertada, uma moeda rapidamente ficava encostada ao limite, proporcionando aos especuladores ganhos praticamente seguros. Agora, com margens de 15%, quase um regime de flutuação, os especuladores eram desincentivados, pois não seria de esperar que as moedas utilizassem toda a faixa de flutuação.

Na quarta fase, que é a parte final da evolução do SME, voltou-se a um clima de estabilidade plena, que veio a desembocar na união monetária, com o consequente desaparecimento do SME.

O ecu era uma espécie de unidade de referência nas relações entre os bancos centrais do SME. Era um denominador importante para efeitos de aferição de certos valores, mas, como foi dito, constituía apenas um reflexo das moedas nacionais que entravam para a sua definição.

Na formação da união monetária houve uma continuidade. Fixou-se a relação de 1 para 1 entre o ecu e a nova moeda, o euro. A diferença fundamental residia no facto de o ECU ter sido uma mera projecção das moedas nacionais que o compunham, ao passo que o euro é moeda de direito próprio. Agora, a situação inverte-se, as moedas nacionais passam a ser meras subdivisões não decimais do euro: o escudo, o franco francês, o marco alemão, etc. têm valores expressos em termos do euro, comportando seis algarismos significativos: é o caso do nosso escudo, que, no período relativamente curto em que vai subsistir, estará na relação irrevogável de 200,482 para o euro.

Entre 1994 e 1998, portanto, retornou-se à estabilidade. A despeito de haver uma margem de 15%, ela esteve longe, na prática, de ser utilizada na sua totalidade, mantendo-se, pelo contrário, dentro de estreitos limites a flutuação entre as moedas europeias, a caminho da união económica e monetária.

O Sistema Monetário Europeu tinha visado apenas conferir certo teor de estabilidade às relações entre as moedas europeias, não continha uma visão directa e assumida de se passar à moeda única. Foi quando principiou a formar-se o mercado interno, em termos da definição contida no Acto Único Europeu de 1986, que se deu corpo à ideia de que o mercado único deveria ser completado pela instituição da moeda única.

Em 1989, o relatório Delors veio definir as linhas da formação da união económica e monetária, segundo um esquema faseado como era o esquema de Werner, embora contendo agora outros ingredientes. A UEM comportava a vertente económica e a vertente monetária. A económica integrava o mercado interno e diferentes políticas coordenadas – orçamental, industrial, regional, etc. –; na monetária concentravam-se a política monetária e a política cambial.

No Tratado de Maastricht de 1992 à constituição da união económica e monetária é fixada uma data: o Tratado diz que a UEM será criada na terceira fase, que se desencadeará, o mais tardar, em 1 de Janeiro de 1999. Pensou-se que não era realista fixar-se uma data a anos de distância, mas, por surpreendente que isso tenha sido, o calendário foi cumprido. A união económica e monetária constitui uma situação de Europa diferenciada, pois apenas abrange os países que tiverem demonstrado possuir as condições de convergência económica que são requeridas para a sua presença na União. O Tratado estabeleceu critérios de convergência monetários, orçamentais e cambiais, que os países deveriam cumprir para serem candidatos válidos à formação da união económica e monetária. Dois países disseram logo à partida que não queriam assumir o compromisso de entrarem para a UEM, e obtiveram em Maastricht a possibilidade de decidirem não participar – o Reino Unido e a Dinamarca. Há dois protocolos, com o mesmo valor jurídico do próprio Tratado, um relativo ao Reino Unido, outro à Dinamarca, que lhes dão o excepcional direito de não entrar (mesmo que tenham cumprido os critérios económicos), por sua opção política. Até hoje não entraram.

A união económica e monetária tem uma raiz de diferenciação entre os países participantes, contrariamente ao mercado interno e às realizações anteriores, em que todos os Estados membros estiveram presentes. Temos aqui, pela primeira vez, institucionalmente, países participantes e países não participantes. Há hoje onze participantes (proximamente serão doze, porque a Grécia fez a sua penitência e já está em condições de entrar) e quatro (em breve três) não participantes.

É uma UEM que se faz por fases. A primeira, que o Tratado nem sequer refere, por não envolver alterações institucionais, terá principiado em 1990; a segunda fase começou em 1994 e acabou em 1998, foi a fase de preparação intensiva, em que os países estabeleceram programas de convergência visando cumprir os critérios de qualificação. Foi criado o Instituto Monetário Europeu, com a missão de preparar a criação do Banco Central Europeu, deixando o IME de existir quando se formou a instituição definitiva. Na terceira fase, que começou em 1 de Janeiro de 1999, foi lançada a moeda única e constituída a união monetária. Transmutado o ecu em euro, este afirmou-se como moeda de direito próprio, emitida e gerida por um orgão supranacional, o Banco Central Europeu.

O Sistema Europeu de Bancos Centrais foi instituído próximo do final da segunda fase: agrega os bancos centrais ao orgão de cúpula, o Banco Central Europeu. Este possui um orgão dirigente, o Conselho do BCE, no qual têm assento os Governadores dos bancos centrais dos países participantes na zona do euro (entre os quais o do Banco de Portugal), e os membros da Comissão Executiva do BCE. Esta Comissão, que é orgão verdadeiramente operacional, tem seis membros (um presidente, um vice-presidente e quatro vogais), designados de comum acordo pelos Chefes de Estado e de Governo dos países membros.

Traçou-se em 1995 o cenário para a introdução da moeda única. Foi nessa altura que à moeda única foi conferida a designação de euro. É curioso que tenha sido o Conselho Europeu a chamar a si a nova designação, quando o Tratado falava em ECU. O nome de euro parece mais feliz, não tem a consonância tipicamente francesa do ecu, é igual em todas as línguas, e traduz de perto a ideia de unidade da Europa. Sobretudo sob a pressão dos alemães, os franceses tiveram, embora a contragosto, de aceitar essa alteração da referência. O Conselho Europeu salvou a face, ao considerar que ECU era um termo genérico, significando Unidade Monetária Europeia, pelo que ainda faltava baptizar concretamente a moeda, o que se fazia com a denominação de euro.

Na Primavera de 1998, haveria de definir-se quais eram os países que tinham condições para entrar para a moeda única: isso foi feito em 3 de Maio desse ano, fixando-se o elenco dos onze países que tinham cumprido os critérios de convergência. O Conselho Europeu nem sequer chegou a fazer uma averiguação sobre a realização de condições para a Dinamarca e para o Reino Unido, porque estes países se tinham excluído de participar, com base nos respectivos protocolos. A Suécia não queria participar, fundamentalmente por razões políticas; mas, como não possuía a cobertura de um protocolo específico, teve de distorcer um dos critérios para estar em condições técnicas de não participar. Absteve-se de envolver a sua moeda dentro do mecanismo cambial do Sistema Monetário Europeu, deixando assim de cumprir o critério cambial. Quanto aos restantes critérios, ligados à estabilidade monetária e orçamental, reunia as condições requeridas; mas bastava não cumprir um dos critérios para não entrar. A Grécia, que desejava participar, falhou todos os critérios.

A fase inicial do processo de introdução da moeda única, a fase A, começou em Maio de 1998 com a designação dos países participantes, tendo logo a seguir sido nomeada a Comissão Executiva do BCE. Como foi dito, em 1 de Janeiro de 1999 as paridade das moedas em relação ao euro, antigo ecu, ficaram fixadas irrevogavelmente. Foi então que se determinou, de acordo com os dados do mercado cambial, o valor relativo de cada moeda para com o euro. Dessa altura em diante nem houve, sequer, taxas de câmbio entre as moedas europeias dentro da zona do euro, mas apenas taxas de conversão, sem qualquer margem de flutuação nas relações recíprocas. Continuaram a circular as moedas e notas e moedas nacionais, não havendo por enquanto circulação de euros.

O euro é já a moeda única, pois as moedas nacionais são meras subunidades da moeda comum. Mas o que é curioso é que esta moeda única surge apenas com as vestes de moeda escritural. O euro não tem ainda presença física, não é moeda circulante, não há por enquanto notas, nem moedas metálicas expressas em euros. É uma moeda que pode ser passível de acumulação em contas bancárias, pode servir de denominador de operações económicas e monetárias, pode ser mobilizada por cheques e ordens de transferência, mas não circula efectivamente como moeda material.

Houve a preocupação de fazer uma transição, para habituar as populações ao salto psicológico delicado para aceitação da nova moeda; por outro lado, tornou-se indispensável assegurar certo tempo para se fabricarem os milhões de notas e de moedas em euro.

A fase B dura três anos, vai desde 1 de Janeiro de 1999 (estamos agora a meio) até ao último dia de 2001. Depois virá a fase C, que é a fase final, a ser iniciada em 1 de Janeiro de 2002, e que se previa vir a durar até ao fim de Junho desse ano. Mas decidiu-se recentemente o seu encurtamento para apenas dois meses. Assim, nessa fase, que passa a corresponder aos dois primeiros meses de 2002, haverá uma circulação simultânea de moedas e notas em euro e de moedas e notas nacionais, estando as últimas a ser recolhidas pelos bancos que, em contrapartida, porão a circular as moedas e notas expressas em euro.

Nas novas moedas metálicas, uma das faces é comum, mas a outra face comporta símbolos nacionais de cada país. Em uma das faces das moedas metálicas consagra-se, assim, a especificidade nacional. Não é o caso das notas, que, quer no anverso, quer no reverso têm a mesma forma gráfica. São notas de cores diferentes, tendo tamanhos que vão crescendo à medida em que o valor representado aumenta (contrariamente ao caso dos Estados Unidos, em que todas têm a mesma dimensão, e a cor verde).

Quanto às vantagens e inconvenientes da moeda única, a ideia de base é que, tendo-se criado um "mercado interno", que é um mercado plenamente livre de obstáculos entre os países componentes da União Europeia, a moeda única parece ser o complemento lógico e natural desse mercado interno, permitindo evitar os riscos e os sobressaltos cambiais que existem quando há moedas diferentes em confronto.

Este é o imperativo económico, ligado à operacionalidade do mercado interno.

Depois, também se diz que a soberania monetária já não existia na prática, a não ser no país que definia as políticas e que os outros tinham de acompanhar, quisessem ou não- a Alemanha. Ora, perdida a soberania monetária, porque dentro do mercado unificado não podia haver políticas monetárias independentes, estaria aberto o caminho para a moeda única. A França, em particular, preferia partilhar a soberania monetária no âmbito de um sistema de banco central europeu, em que tivesse assento próprio, a deixar que a Alemanha mantivesse a sua posição hegemónica.

A Alemanha estava muito interessada em que se evoluísse para a união política europeia, e via na união monetária um catalisador do acesso aos extractos superiores da integração. Mas, sabendo que ia abandonar a sua posição determinante e sacrificar a sua moeda, pôs como condição que no ingresso na união monetária se observassem os mesmos critérios de rigor por que se pautava a sua conduta no plano monetário.

Por seu turno, a Inglaterra deu a sua aprovação ao esquema geral de Maastricht, em contrapartida da opção, que lhe foi dada, de não entrar para a UEM.

Vejamos agora as vantagens da moeda única.

A moeda única implica, nas relações entre os países da zona, a supressão dos custos e dos riscos cambiais. Deixa de haver propriamente operações cambiais entre os países participantes, mesmo durante o período transitório em que ainda circulem as moedas nacionais. É evidente que o mercado interno funcionará por forma mais perfeita, já que deixa de haver os obstáculos e as áleas da variação monetária. Cria-se um clima favorável ao investimento, ao desenvolvimento dos mercados de capitais. Acresce a isto a estabilidade de preços, configurada no Tratado de Maastricht como objectivo central a prosseguir pelo Banco Central Europeu. Tem-se dito, em relação a Portugal, que o país passa a estar imune a crises especulativas do tipo das que se observaram no passado, envolvendo situações de dramático desequilíbrio externo, como as que só puderam ser superadas através do recurso ao Fundo Monetário Internacional, nos anos 70 e 80.

Há aspectos de desvantagem, que também são importantes.

Os países que compõem uma zona de moeda única perdem a autonomia na condução de certas políticas económicas, sobretudo as políticas monetárias e cambiais. Antes, quando geriam a sua moeda nacional, tinham a possibilidade de desvalorizar a taxa de câmbio, de proceder a alterações da taxa de juro por acção do banco central respectivo. Com a moeda única, estas armas desaparecem, deixam de existir na posse de cada país, sendo assumidas globalmente a nível da União. Quem agora determina a taxa de juro reguladora, válida para todos os países dentro da zona do euro, é o Banco Central Europeu. Orientando-se a prática do BCE sobretudo em função da situação das economias de maior peso, isso pode criar dificuldade aos países periféricos, ou aos países mais pequenos, que deixaram de dispor dos instrumentos, que dantes possuíam, para equilibrar a sua posição em relação ao exterior. Não existe dentro da união monetária europeia um dispositivo destinado a fazer face aos chamados "choques assimétricos", choques que afectam apenas um ou vários dos países membros. À perda dos específicos instrumentos monetários e cambiais acrescem as restrições ao uso da política orçamental. Esta continua a ser assumida a nível nacional, mas há regras limitativas dos défices orçamentais que condicionam a liberdade de acção dos países neste campo. Os Estados membros não possuem agora armas cambiais, nem armas monetárias, e vêm as próprias armas orçamentais algo embotadas.

Especificamente em relação ao caso europeu, tem-se dito que a área em questão está longe de satisfazer os requisitos de uma "área monetária óptima" por não estarem presentes os factores que tornam dispensável o recurso à variação da taxa de câmbio como instrumento de política económica nacional: a mobilidade efectiva dos trabalhadores (afastada na Europa pela diversidade linguística e cultural) e a existência de mecanismos de compensação financeira a partir de um orçamento central.

Não é fácil proceder ao balanceamento dos inconvenientes e das vantagens da união monetária. Os países da União Europeia (excepção feita ao Reino Unido e à Dinamarca) comprometeram-se resolutamente a realizar esta forma avançada de integração, sem talvez terem ponderado todas as consequências. Entre nós, poderia ter sido mais prudente não se entrar logo na linha da frente, adoptando-se uma postura de "wait and see", e mantendo durante mais algum tempo uma útil margem de manobra na regulação da economia nacional. A opção governamental foi, contudo, a de estar na vanguarda da união monetária, fazendo parte do núcleo de fundadores. E deveria ter-se procurado obter, em sintonia com outros países partilhando os mesmos problemas, a inclusão de elementos de solidariedade na concepção da UEM.

Veremos como se conseguirão enfrentar os desafios que decorrem daquela opção. Isto no plano económico. Quanto ao plano político, há que considerar que a integração monetária funciona como catalisador, no sentido de que a moeda única poderá provocar um alastramento da integração para a área da união política. A apreciação deste ponto depende da posição que se tenha quanto aos fins últimos da integração. Para os federalistas europeus convictos, a união monetária é um incentivo para que se dêem passos no sentido da formação do Superestado europeu, dos Estados Unidos da Europa.

Para aqueles que não são federalistas, ou que, aceitando os elementos supranacionais que já existem à partida na união monetária, não desejam ir muito mais longe, as virtualidades da impulsão para a integração política são consideradas com certa reticência. A discussão sobre o federalismo europeu tem aspectos emocionais. O projecto federal puro e duro levaria ao Superestado, mas haverá outros graus de federalismo em que a ameaça à sobrevivência dos Estados não é tão decisiva. Há elementos do chamado federalismo fiscal e financeiro que faltam na visão de Maastricht sobre a UEM, ligando-se à ideia de que a União poderá assumir um determinado número de funções no plano orçamental e no plano fiscal, que antes eram asseguradas pelos Estados membros, e que permitirão enfrentar-se os já referidos choques assimétricos.

Quanto à criação do euro e ao seu regime jurídico, é de referir que, depois de o Tratado de Maastricht ter entrado em vigor, se avançou através de resoluções do Conselho Europeu e de regulamentos do Conselho de Economia e Finanças da Comunidade Europeia.

Entre os novos instrumentos contam-se os que configuraram o Pacto de Estabilidade e Crescimento de 1997, compromisso assumido pelos Estados membros de manterem, já depois de formada a união económica e monetária, o mesmo teor de rigor orçamental que fora definido no enunciado das condições de acesso, regulamentando-se assim o princípio da proibição dos "défices orçamentais excessivos", contido no Tratado de Maastricht. Os défices superiores, em cada Estado, a 3% do Produto Interno Bruto deverão ser reprimidos, salvo invocação de certas condições excepcionais: não sendo aceite tal justificação, poderão vir a aplicar-se ao país infractor sanções pecuniárias de elevado quantitativo.

Caso Portugal incorra em défices orçamentais excessivos durante determinado período, e não remediar a situação criada, a sanção culminará em multa, que pode atingir a ordem dos cem milhões de contos por ano.

Quanto à base legal do euro, ela consta de dois regulamentos comunitários, um de 1997, o outro de 1998, tendo o último sido aplicado no mesmo dia em que se fez a designação dos países que iriam formar a união económica e monetária. Nesses regulamentos contêm-se regras sobre as taxas de conversão entre o euro e as moedas participantes e sobre a continuidade dos contratos, visando-se a segurança jurídica. Declara-se que a introdução do Euro não terá o efeito de alterar os termos previstos em contratos ou outros instrumentos jurídicos, nem dispensar de obrigações contraídas na expressão das moedas nacionais, salvo acordo entre as partes que disponha de modo diferente, assegurando-se a continuidade do regime contratual anteriormente previsto. Há regras de arredondamento nas conversões.

No segundo regulamento, estabelece-se que em relação às moedas metálicas ninguém será obrigado a aceitar mais de 50 moedas num só pagamento. Trata-se, no fundo, de uma afirmação de limitação do poder liberatório, como sucede, sob diversas formas, em relação às moedas metálicas nacionais.

A Constituição portuguesa foi revista em 1992, a fim de, entre outros aspectos, adequar o artigo relativo ao Banco de Portugal ao envolvimento na união monetária.

Com a revisão constitucional de 1992, em vez de dizer-se, como antes, que o Banco de Portugal está sujeito às directivas do Governo, passou a referir-se que esta entidade opera nos termos da lei. Na revisão de 1997, precisou-se que a acção do Banco de Portugal se exerce também nos termos de normas internacionais a que o Estado Português se vincule. É de notar que a Constituição foi alterada por diversas vezes para fazer face ao nosso comprometimento dentro da Comunidade Europeia, mas nestas revisões transparece a preocupação de mascarar a realidade supranacional que nos envolve, mantendo-se a ilusão da soberania una e indivisível, afirmada no artigo 3º.

Foi introduzida legislação em Portugal (Decreto-Lei nº 138/98, de 8 de Abril, e Decreto-Lei nº 343/98, de 6 de Novembro), mas visando apenas aspectos complementares. É que, sendo os regulamentos comunitários directamente aplicáveis nos Estados membros, e não dependendo a sua vigência de qualquer processo de recepção ou transposição para o ordenamento nacional, as matérias fundamentais estavam já reguladas pelos diplomas comunitários citados.

Os dois Decretos-Leis destinam-se a completar as normas comunitárias através de soluções nacionais em matérias como as taxas de referência, os indexantes das operações, etc. Procede-se à alteração do Código da Sociedades Comerciais, entre outros aspectos porque os capitais mínimos são agora expressos em euros e não já na moeda nacional; e à alteração do Código de Mercado de Valores Mobiliários porque, a partir do princípio de 1999, passaram a ser cotadas em euros as acções e obrigações nas bolsas.

Finalmente, vejamos a situação actual e perspectivas.

Está estabelecida uma união monetária mas não uma união económica. A vertente monetária da UEM é intensamente supranacional; na vertente económica, os Estados mantêm os poderes nacionais na definição de políticas orçamentais e de outras políticas, faltando qualquer impulso no sentido do federalismo fiscal e financeiro.

Este federalismo fiscal e financeiro é inseparável de uma ideia de solidariedade na construção europeia. No passado, os países mais ricos aceitaram financiar os fundos estruturais, sobretudo destinados aos países mais pobres. A Irlanda primeiro, depois a Grécia, depois a Espanha e Portugal tornaram-se beneficiários dos fundos comunitários. Por duas vezes acordou-se na duplicação do volume dos fundos estruturais, para reforço da coesão económica e social. Mas, mais recentemente, essa impulsão solidária, que se enquadra na visão de federalismo financeiro, perdeu força.

As dificuldades ressaltaram na discussão do financiamento comunitário para 2001-2006, tendo sido possível manter um nível aproximado dos fluxos de fundos estruturais, mas bem longe das duplicações que haviam sido praticadas nas anteriores revisões. É um facto que se verificou uma perda crescente de solidariedade dentro da União Europeia, e, entre outras coisas, não foi sequer esboçado um dispositivo para fazer face aos choques assimétricos.

Estando a concepção da Europa a duas velocidades na base da formação da própria União Económica e Monetária, não é de excluir que o Reino Unido, a Dinamarca e a Suécia se decidam a aderir. A opinião pública britânica mostra-se fortemente contrária à união monetária (e ao desaparecimento da libra), não obstante os esforços do Governo para demonstrar as vantagens da adesão. Uma decisão final está dependente de um referendo, a realizar no decurso da próxima legislatura, com resultados problemáticos.

A Dinamarca vai realizar uma consulta popular sobre a união monetária em Setembro deste ano; ora, neste momento, as sondagens revelam que os partidários do "não" ultrapassam, largamente, os do "sim". Este predomínio das posições negativas traduz, em boa medida, o receio de ver submergir o país numa Europa federal.

Por seu turno, a Suécia aguarda a decisão da Dinamarca, sem manifestar qualquer entusiasmo quanto à participação na união monetária.

Quanto ao prestígio do euro: o euro tem mostrado fraqueza em relação ao dólar. Quando foi criado, em 1 de Janeiro de 1999, valia 1,17 dólares; actualmente, passado ano e meio, sofreu um apreciável declínio, que já excede 20 por cento, valendo presentemente 0,93 dólares, e tendo ultrapassado, há uns meses, a barreira psicológica da paridade com o dólar. Há para este comportamento uma razão conjuntural, o maior dinamismo da economia americana, com a consequente atracção de investimentos para os Estados Unidos. Acresce o diferencial de taxas de referência (6% nos Estados Unidos, 4,25 na Europa do euro), levando a acentuada preferência por aplicações em dólares. É certo que o euro fraco tem facilitado a exportação e auxiliado a expansão económica na União Europeia. Mas não é menos certo que esta condição em nada beneficia a sua imagem no contexto mundial.

Assim, uma vantagem tão apregoada da moeda única – a capacidade de vir a ombrear com o dólar como grande moeda internacional de reserva e de transacção – está pelo menos adiada. O euro tem apoio na dimensão e na solidez das economias dos países participantes na união monetária, o que lhe abre caminho para uma grande presença internacional. Mas, no contexto actual da UEM, não é de surpreender que os mercados hesitem em considerar que a nova moeda tem por trás de si uma política económica e monetária unificada e coerente. É que, contrariamente ao dólar, a unificação apenas se processa sob o ângulo da política monetária, não sob o da política económica. Por detrás do euro perfila-se a tensão entre muitas economias nacionais, com os riscos de se entrechocarem as respectivas políticas económicas, podendo ser afectada a estabilidade da moeda europeia. E daqui o argumento, particularmente caro aos federalistas, de que se impõe uma "fuga" para a frente, pois a união monetária corre o risco de se estilhaçar, se não for completada com os ingredientes do federalismo fiscal e financeiro.

Recentemente, foram apresentados projectos relativos à construção europeia do futuro. Um deles, marcadamente federalista, é da autoria do Ministro dos Negócios Estrangeiros da Alemanha. Este disse que se trata de uma análise pessoal, mas não pode obviamente abstrair-se da sua condição de alto responsável do Governo do seu país.

Esse político, o Senhor Joschka Fischer, desenvolve a ideia de que deverá avançar-se no sentido da federação política europeia, no seio da qual os actuais Estados-nações pouco mais poderes terão do que os actuais "Länder" alemães.

Na visão de Fischer, a fusão europeia deve ser tão intensa que os Estados-nações deixarão de ser os actores principais na cena internacional: embora vejam reconhecidas as suas culturas próprias, será a federação que assumirá a soberania plena. Advoga Fischer que se deve caminhar para lá através de uma acção da "vanguarda", de um "centro de gravidade" reunindo os países capazes de dar o impulso, cabendo o papel decisivo à Alemanha e à França. Transparece aqui a ideia de um directório de grandes potências dentro da Europa, a qual suscita a compreensível inquietação dos países pequenos/médios e periféricos.

Do lado da França, é o Presidente Jacques Chirac que, mais recentemente, emitiu a opinião de que deverá também avançar-se por cooperações reforçadas, abrindo vias diferenciadas para uma integração crescente a nível europeu. Defende que se forme um "grupo pioneiro" de países, protagonizado, claro está, pela França e pela Alemanha. Só que Chirac, dentro da tradicional posição francesa, não fala em federação; diz que a solução final deve manter a originalidade que hoje existe, assegurando-se aos Estados-nações a continuidade da sua presença internacional.

A integração atingiu um nível de tal intensidade que não podemos abster-nos de reflectir sobre os seus últimos limites, sobre o ponto a partir do qual seria afectada a própria essência do Estados-nações. Parece que a óptica de Chirac se situa aquém deste ponto, mas já na visão de Fischer é transposto o limiar do Superestado. Ao presidente francês interessa uma solução de cariz intergovernamental, desde que gerida pelas maiores potências europeias (a começar "celà va sans dire", pela França). Apesar de grandes diferenças quanto ao objectivo final, as duas mensagens coincidem, todavia, num ponto: o euro assinala o passo verdadeiramente irreversível na evolução da integração europeia.

AS COOPERAÇÕES REFORÇADAS (*)

Conceito e finalidades das "cooperações reforçadas"

"Cooperação reforçada" é uma expressão nova, que a partir do Tratado de Amesterdão passou a fazer parte da específica linguagem comunitária. Trata-se de um conceito equivalente ao de flexibilidade, de geometria variável, de integração diferenciada, aproximando-se da ideia de círculos concêntricos, e não excluindo a perspectiva de um directório composto por um grupo limitado de países.

A cooperação reforçada é vista, em primeira linha, como constituindo um instrumento de prossecução dos objectivos da integração, prédefinidos nos Tratados. Foi no de Amesterdão que pela primeira vez se consagrou em termos gerais a possibilidade de diferenciação (e não já, como antes acontecera, a propósito de questões pontuais), traduzida na maior intensidade e rapidez com que se opera o avanço de um grupo de Estados-membros no processo de integração.

Outra forma de encarar a cooperação reforçada prende-se com a visão, a longo prazo, dos fins da integração. Neste plano, as cooperações reforçadas tendem a identificar-se com a formação de um núcleo duro, realidade a que têm sido dadas expressões variadas, como o "centro de gravidade" e a "vanguarda" a que se referiu Joschka Fischer, Ministro alemão dos Negócios Estrangeiros, ou o "grupo pioneiro" a que aludiu, recentemente, o Presidente francês, Jacques Chirac.

Tratar-se-á aqui de uma espécie de directório, formado para prosseguir fins de integração a longo prazo, situados fora do âmbito dos Tratados. De acordo com esta perspectiva, um dos objectivos será realizar uma estruturação federal – qualificada por vezes, algo, eufemisticamente, como uma "federação de Estados-nações". A federalização resultaria, assim, de um processo de cooperação reforçada não previsto expressamente nos Tratados.

(*) Reconstituição da apresentação do tema na Mesa Redonda sobre a Conferência Intergovernamental que antecedeu a aprovação do Tratado de Nice, promovida pelo Conselho Económico e Social, em Lisboa, em Junho de 2000.

Domínios de actuação para as cooperações reforçadas

Parece ser consensual que a cooperação reforçada não deverá funcionar em campos correspondentes à regulação básica da vida comunitária. A área da integração monetária identificar-se-ia logicamente com um desses campos, se não fosse a aberrante exclusão de dois países que negociaram o seu "opt out".

Os domínios em que as cooperações reforçadas não deveriam, em princípio, ser utilizadas compreendem o mercado interno e as políticas e regras que lhes estão estreitamente ligadas; a parte da política agrícola atinente à livre circulação de mercadorias; a política comum dos transportes; a política comercial exterior; a política de concorrência. Todos esses temas cabem no acervo básico da Comunidade, não parecendo passíveis de situações diferenciadas.

Nos outros campos de integração já é admissível o lançamento de operações de cooperação reforçada. Veja-se o caso das ambiciosas propostas, visando as matérias novas do primeiro pilar, contidas no relatório Lammers/Schäuble de 1994: nelas propunha-se a formação de um "núcleo duro", a partir do grupo restrito encabeçado pela França e pela Alemanha, implicando desenvolvimentos nos campos da política orçamental e da política fiscal. O objectivo era completar uma união económica e monetária desequilibrada, por se apoiar desigualmente numa política monetária supranacional e numa política orçamental e fiscal de raiz nacional, e daí partir para soluções de intensa integração política.

A nível mais modesto, é de prever a realização de cooperações reforçadas em variadas políticas constantes do quadro comunitário (v.g., ambiente, investigação e desenvolvimento tecnológico).

Também no âmbito segundo e do terceiro pilares são admissíveis acções de certos Estados que se empenhem em realizar progressos mais rápidos e mais intensos. Porém, a cooperação reforçada não está hoje prevista no âmbito do segundo pilar.

Evolução histórica e enquadramento jurídico das cooperações reforçadas

A cooperação reforçada tem sido activada, quer fora da União, quer no respectivo âmbito. Existe uma larga tradição de cooperação exterior à União. Atente-se no Sistema Monetário Europeu originário, que nasceu fora da Comunidade Económica Europeia; no Acordo de Schengen, concluído como acordo internacional separado; e em certos projectos comuns a apenas alguns países, de que são exemplo Airbus e Ariane. São de lembrar também formas de cooperação nos campos da política de defesa, como é o caso da própria União da Europa Ocidental e do "Eurocorps", promovido pela França e pela Alemanha.

No interior da Comunidade, a cooperação reforçada faz o seu aparecimento em disposições contidas no Acto Único Europeu, a propósito de questões relativamente pouco importantes.

Anteriormente, já tinham sido feitas propostas nesta matéria , não se lhes tendo, porém, dado seguimento: no projecto de Tratado que instituía a União Europeia, aprovado pelo Parlamento Europeu em 1984, previa-se que a lei poderia subordinar a aplicação de disposições a prazos e medidas de transição diferenciados segundo os destinatários. Esboçava-se, assim, uma fórmula de geometria variável, mas pondo-se a ênfase na possibilidade de os países excluídos terem a hipótese de, ulteriormente, se juntarem aos restantes.

Na Conferência Intergovernamental que culminou no Acto Único Europeu, a França propusera a introdução do artigo 235.º bis, que veículava uma visão de cooperação reforçada – mas a modificação não foi aceite.

Até ao Tratado de Amesterdão, o Direito Comunitário originário não dispunha de preceitos que regulassem a cooperação reforçada no plano geral.

No Acto Único Europeu, o artigo 8º, atinente às propostas da Comissão para lançar o mercado interno, previa que fosse considerada a amplitude do esforço pedido às economias comparativamente menos desenvolvidas. Adicionalmente, introduziram-se aspectos pontuais de cooperação reforçada, regulados nos artigos 130.º L e 130.º T, relacionados com programas complementares de investigação e tecnologia e com medidas de protecção do ambiente.

Estas menções eram, contudo, marginais; a cooperação reforçada não se configurava como instituto central. A grande mudança ocorreu com o Tratado de Maastricht, que introduziu a geometria variável como forma de atingir as novas e mais ambiciosas metas da integração. A própria essência da construção da união económica e monetária assentou num princípio de flexibilidade ou diferenciação: só os países tidos como aptos para passar à fase da moeda única poderiam avançar. Para surpresa de muitos, uma larga maioria de países conseguiu reunir as condições exigidas, contrariando as expectativas iniciais (e sobretudo, ao que parece, as expectativas alemãs) de que a união monetária contasse, à partida, um grupo restrito de Estados participantes. No entanto, a união monetária com onze contra quatro (em breve, doze contra três) não deixa de constituir um exemplo de diferenciação.

A tendência para a diferenciação, a partir de Maastricht, não podia deixar de ser crescente – acentuando-se heterogeneidades na Europa, com realce para a situação decorrente dos próximos alargamentos.

As cooperações reforçadas actuais

A cooperação reforçada traduz, umas vezes, uma situação temporária: centra-se na existência de um período limitado durante o qual os países mantêm a diferenciação, para reconstituição posterior da uniformidade. Perspectiva diferente é a da consolidação das diferenças: sem se excluir que venham a aderir ao núcleo os países que ficaram para trás, o que é dominante nessa visão é uma fórmula estabilizada de cooperação organizada, uma solução consistente de geometria variável.

Amesterdão veio consagrar a possibilidade de cooperações reforçadas em termos genéricos, como dispositivo previsto em abstracto nos tratados europeus. Mas dispositivo complexo, rodeado de tantas precauções que se torna pouco operacional.

A par da cláusula geral sobre a cooperação reforçada, prevista no artigo 43.º do Tratado da União Europeia, há cláusulas específicas, visando activar a diferenciação, no âmbito do primeiro e do terceiro pilares.

Para o primeiro pilar – o pilar comunitário – foi introduzida a formulação do actual artigo 11.º do Tratado da Comunidade Europeia. Para o terceiro, consagrou-se no Tratado da União Europeia (artigo 40.º) uma específica expressão de cooperação reforçada.

A cooperação reforçada não foi prevista com referência ao segundo pilar, relativo à política externa e de segurança comum, principalmente por duas ordens de razões. Por um lado, atento o melindre dessa política, situada no cerne da soberania, onde os Estados mantêm compreensíveis exigências de unanimidade. Por outro lado, porque se criaram mecanismos dentro da PESC, como é o caso da abstenção construtiva, regulada no artigo 23.º do Tratado da União Europeia, que até certo ponto permitem substituir o recurso à cooperação reforçada.

O direito de veto e as cooperações e as cooperações reforçadas

O regime das cooperações reforçadas, tal como previsto nos Tratados desde Amesterdão, retomou, não sem alguma infelicidade, a fórmula do antigo compromisso do Luxemburgo que, em afirmação dos poderes nacionais, veio paralisar, durante muito tempo, a aplicação das regras normais de votação do Conselho da CEE.

Em 1966, a França recusou-se a aceitar a implicação das normas sobre a passagem ao regime de maioria qualificada. Insistiu pela unanimidade, pressionando através da política de "cadeira vazia", até que o compromisso de Janeiro de 1966, registando as posições divergentes daquele país e dos seus parceiros, consagrou a prevalência da posição francesa.

Nas cláusulas, geral e específicas, relativas à cooperação reforçada , introduzidas pelo Tratado de Amesterdão, existe um dispositivo semelhante, destinado a obstar que, contra a vontade de um ou mais Estados membros, a maioria dos países possa adoptar esquemas de cooperação reforçada. Quer na claúsula geral, quer na claúsulas específicas, consagra-se a possibilidade de um país, invocando **importantes e expressas razões de política nacional,** impedir a aprovação da cooperação reforçada, levando a questão a ser colocada ao Conselho a nível de Chefes de Estado e de Governo, para aí ser tomada uma decisão unânime. Eis a forma que se encontrou, ao fim de tantos anos, para trazer para o Tratado soluções afinal muito próximas das utilizadas no compromisso do Luxemburgo, e que se pensava definitivamente superadas.

A cooperação reforçada pode, assim, ser sustada por vontade de um único Estado-membro, através da expressão de um veto, exercido a nível de Chefes de Estado e de Governo.

Temos, assim, a re-introdução do direito de veto. A diferença fundamental em relação às construções do passado, e em particular, em relação à do Luxemburgo (para além do âmbito bem diferente em que a questão se põe), é que o instituto da cooperação reforçada é, agora, passível de controlo jurisdicional. Afigura-se, todavia, discutível que, em questões tão sensíveis de política nacional, o Tribunal de Justiça das Comunidades Europeias possa operar por forma útil, visto que está vocacionado para as questões de legalidade, e não para a aferição do grau de importância do interesse político invocado por certo Estado-Membro em relação a determinada matéria.

Garantias oferecidas pelos mecanismos que rodeiam a adopção das cooperações reforçadas

As cláusulas dos Tratados relativas às cooperações reforçadas prevêem garantias de fundo adequadas. De acordo com a cláusula geral, o recurso à cooperação reforçada terá de respeitar sempre os objectivos e o quadro institucional dos Tratados. Por outro lado, a cooperação reforçada deverá ser utilizada apenas em último caso, constituindo uma solução excepcional e devendo primeiro tentar-se outras soluções.

Exige-se o envolvimento da maioria dos Estados-Membros, e ainda, que a medida de cooperação reforçada a ser instituída se mantenha aberta a todos os parceiros, para que estes, se o desejarem, possam vir a juntar-se aos iniciadores.

Os contornos actuais da problemática das cooperações reforçadas – argumentos a favor e contra a sua manutenção

Os aspectos que estão em discussão neste momento prendem-se, precisamente, com as questões do limiar do número de Estados e do exercício do direito de veto.

Não constituindo uma opção previsível a supressão do instituto da cooperação reforçada, consagrado no Tratado de Amesterdão, a escolha está entre manter o dispositivo na sua formulação actual ou proceder-se a uma reapreciação, em sentido flexibilizante, das condições respeitantes ao limiar do número de Estados e à existência do veto.

O Conselho Europeu da Santa Maria da Feira aprovou a inscrição das questões da cooperação reforçada nos próximos trabalhos da actual conferência intergovernamental.

Nas discussões acerca das fórmulas futuras de enquadramento das cooperações reforçadas deparam-se-nos posições que jogam em sentidos opostos. Pode sustentar-se que a cooperação reforçada dentro do Tratado deve ser estimulada, porque evitará que seja promovida por fora, assumindo a forma indesejável de um directório, de um núcleo duro, de uma vanguarda ou de um grupo pioneiro. Mas também é possível defender-se que a cooperação reforçada deve ser cerceada, porque envolve o risco de suscitar diferenciações duradouras entre países, conduzindo a geometrias variáveis ultraconsolidadas e, eventualmente, à criação de um directório interno. Como se vê, tanto se pode dizer que é útil flexibilizar as cooperações reforçadas, como conveniente pôr limites a tal flexibilização. A favor da manutenção do dispositivo actualmente previsto no Tratado, diz-se que ainda não correu tempo suficiente para se poder ajuizar do mérito das possibilidades estabelecidas em Amesterdão; que nenhum Estado ou grupo de Estados tentou até agora activar o dispositivo, pelo que ainda não se apelou ao veto para desfazer propostas de cooperação reforçada; que há que dar o beneficio da dúvida ao dispositivo actual. Contra a facilitação da cooperação reforçada funciona ainda o argumento de que ela integra um elemento de fragmentação da União.

De outro prisma, é de observar que a extensão da maioria qualificada, um dos "left-overs" de Amesterdão, virá reduzir o interesse das cooperações reforçadas, porque as maiorias qualificadas, substituindo as exigência de unanimidade do Conselho, funcionam como um "Ersatz" do mecanismo de integração diferenciada.

Aponta-se, em sentido contrário, a heterogeneidade crescente da Europa, a qual torna indispensável o acesso facilitado a situações de geometria variável; e alega-se ainda que a cooperação reforçada leva a estimular a adesão dos outros Estados-membros às soluções propostas, impelindo a que, em última análise, todos venham a pautar-se pelo patamar mais exigente da integração.

Construções propostas para flexibilizar as cooperações reforçadas

Uma das soluções, actualmente em discussão, com vista a flexibilizar as cooperações reforçadas prevê a eliminação da actual parte final dos artigos em causa, relativa ao complexo processo que torna praticável o direito de veto. Este direito seria, por essa forma,suprimido. Porém, diversos países poderão opor-se, por recearem ver-se distanciados no processo de integração. Os Estados que não concordam com as construções mais ousadas de integração querem naturalmente ter o poder de não deixar os outros correr sozinhos.

Propõe-se igualmente a redução do número mínimo de Estados exigido para activar a cooperação reforçada. Em vez da maioria dos países, como até agora, bastaria, por exemplo, um terço das Estados para se desencadear o processo. Uma solução poderia consistir em destrinçar os domínios de índole mais melindrosa, em que continuaria a vigorar a regra da maioria dos Estados, e os campos de carácter mais rotineiro, nos quais se aceitariam soluções menos rígidas (por exemplo, um terço do Estados).

Fala-se ainda da hipótese da abertura de um período de reflexão. Admitindo que o veto seja suprimido, os países que se opõem às cooperações passariam a poder desencadear uma fase de reflexão, durante a qual se procuraria reapreciar a proposta.

Até ao momento, não parece existir, por parte de certos países, uma posição clara face ao tema. A Alemanha mostra-se favorável à redução dos limiares e à eliminação do veto. A Inglaterra e a Suécia não encaram de maneira positiva alterações nesse sentido, o que se justifica pela menor intensidade das seus propósitos europeístas. A Itália – o país mais intensamente federalista – propende a considerar que a cooperação reforçada deve operar para além do próprio limite do Tratado, e ser utilizada para se visarem grandes objectivos da União Europeia, a longo prazo.

As cooperações reforçadas e as grandes finalidades da União Europeia

Na prossecução de mais intensa integração política poderão utilizar-se duas vias. A primeira é a da introdução do federalismo financeiro e fiscal, em desenvolvimento da união monetária. A outra decorre da comunitarização da política externa e de segurança comum, que seria submetida a fórmulas supranacionais. Em ambos os casos, o processo de federalização envolveria muito provavelmente cooperações reforçadas. E o passo em frente não deixaria de ser dado fora dos Tratados – pressagiando um novo Tratado fundamental, ou até mesmo uma constitucionalização. Por isso, há que relativizar a importância do dispositivo das cooperações reforçadas dentro dos actuais Tratados: as grandes questões da integração futura correrão inevitavelmente por fora dos mecanismos instituídos.

A consagração nos Tratados de dispositivos eficientes de cooperação reforçada, tornando possível avançar para situações de mais intensa integração, que alguns países (e os novos membros, em particular) não terão capacidade para acompanhar, não impedirá que, sob o impulso dos Estados fundadores mais poderosos, a diferenciação venha a ser promovida por fora (vejam-se as propostas de Fischer e Chirac envolvendo cooperações reforçadas destinadas a correr no exterior dos mecanismos dos Tratados).

As questões do veto e do limiar do número de países poderão ser resolvidas distinguindo-se as situações consoante a natureza das matérias: exigir-se a unanimidade em relação a certos assuntos vitais e não já a outros domínios; requerer-se a presença de metade mais um para promover cooperações reforçadas em áreas fundamentais e aceitar-se uma proporção menor noutros campos.

Portugal na primeira linha das cooperações reforçadas?

Tem sido preocupação do Governo português manter o País na primeira linha do processo de integração, não raro à custa de esforços consideráveis: foi o caso da presença na formação da união monetária, com resultados ainda pouco definidos, mas que não serão necessariamente positivos. Se, no futuro, vierem a promover-se cooperações reforçadas, no âmbito de operações ambiciosas, poderá ser aconselhável pôr de lado a política de se alinhar por forma *automática* com o bloco da frente, de modo a tornar possíveis outras soluções.

No caso da UEM, Portugal poderia ter reclamado compensações, em atenção às diferenças de desenvolvimento entre os países, e em face da indisponibilidade de instrumentos de política económica nacional, tão necessários na eventualidade de choques idiossincrásicos. Mas absteve-se de o fazer, e para esta passividade terá concorrido o receio de que, reclamando tratamento de excepção, não lhe fosse facultada a posição de fundador da nova realidade da integração europeia.

Alargamento e mundialização

Tem-se dito que o alargamento é uma realidade irresistível. Mas que alargamento? Quais os limites geo-políticos de uma Europa em permanente ampliação? (Qualquer dia poderá comportar trinta ou mais países países...) Que afinidades, que comunidade de sentimentos poderão existir entre eles? Por outro lado, a Europa já não se basta nas suas fronteiras. Veja-se o caso das medidas da fiscalidade da poupança, que receberam aprovação política no Conselho Europeu, mas cuja concretização foi subordinada, entre outros os aspectos, à condição de se conseguir a anuência dos países exteriores. Parece que medidas de harmonização fiscal com esta vastidão seriam mais proveitosamente discutidas no âmbito da OCDE do que no da União Europeia.

Deriva intergovernamental ou afirmação supranacional crescente?

Tem-se comentado que existe uma deriva intergovernamental; talvez ela se detecte no aspecto da prática política, da afirmação de arrogância dos grandes países em apresentar-se como mentores de novas soluções, da fraqueza da Comissão, mas a verdade é que, em termos de estrutura jurídica e institucional, vai-se acentuando a linha supranacional. A maioria qualificada alastra para novos planos e o processo de co-decisão generaliza-se. São realidades que traduzem progressos supranacionais, ainda que relativamente modestos.

A estratégia da presidência portuguesa

Com que espírito se exerceu a nossa presidência? Os responsáveis governamentais dizem que seguimos uma linha não masoquista, mas isenta; mas logo se anteviu que a França, que ocupará a presidência no semestre imediato, não deixará de adoptar uma linha de acordo com o seu próprio interesse. Qual é, então, a posição adequada? Não poderia a nossa presidência ter já reflectido, sob a forma de propostas concretas, as posições conjuntas de pequenos ou médios países, que pouco influem quando individualmente considerados, mas que agregadamente adquirem peso sensível? Na luta entre os grandes e os pequenos e médios, que decerto se acentuará, é do interesse dos últimos unirem esforços, assumindo posições que superem a sua dispersão (e consequente debilidade) actual.

A União Económica e Monetária no âmbito da CIG

O grande ausente da CIG tem sido a União Económica e Monetária – a qual, na sua concepção, se reconduz a um modelo de cooperação reforçada. Ela é, no entanto, elemento integrante básico dos tratados europeus. Há uma espécie de tácita aceitação de que as questões da UEM não são passíveis de reapreciação na CIG; mas talvez o devessem ser, porque um dos campos em que a cooperação reforçada mais facilmente poderá exercer-se é justamente o da união económica e monetária, situada dentro do primeiro pilar. Para defesa dos nossos interesses, e também dos de outros países, interessaria avançar com propostas não só relativas ao reforço dos recursos de solidariedade, como também à criação de fundos específicos para fazer face a choques assimétricos.

A questão é uma decorrência da união monetária e talvez devesse ter sido infiltrada nas propostas feitas na própria CIG, como possível acréscimo da lista de assuntos a tratar. Recorde-se que na conferência intergovernamental que precedeu Maastricht as presidências dessa época (sucessivamente luxemburguesa e holandesa) elaboraram um quadro completo de propostas legislativas. Talvez tivesse sido possível a Portugal preparar e apresentar, não só, como o fez, uma mera sequência de hipóteses ou interrogações (sem dúvida interessantes), mas um quadro articulado de propostas legislativas concretas. Foi uma oportunidade que se perdeu.

Nota final (*)

Quando o presente trabalho foi elaborado, estava ainda em curso a Conferência Intergovernamental que haveria de conduzir, cerca de seis meses mais tarde, à aprovação das soluções contidas no Tratado de Nice.

Este reestruturou as disposições dos Tratados da União Europeia e da Comunidade Europeia relativas à cooperação reforçada.

Passou a permitir-se a cooperação reforçada no âmbito do segundo pilar (política externa e segurança comum), mas com a possibilidade de veto por um Estado membro que invoque importantes razões de política nacional. Já no terceiro pilar (cooperação policial e judiciária em matéria penal) e no primeiro (Comunidade Europeia) foi suprimido o poder de veto que havia sido atribuído pelo Tratado de Amesterdão ao Estado membro discordante.

Em outros aspectos (por exemplo, na determinação de que bastam oito Estados membros para desencadear a acção) seguiu-se a mesma via flexibilizante.

Note-se que o Tratado de Nice ainda não entrou em vigor, havendo que fazer face à dificuldade representada pela rejeição da ratificação no referendo que se realizou na Irlanda.

(*) Abril de 2001.

THE FEDERALIST IMPULSES IN THE EUROPEAN INTEGRATION (*)

1. When, back in 1930, Aristide Briand proposed at the League of Nations the creation of a "federal link between the peoples of Europe", he was merely outlining a form of intergovernmental cooperation between the European nations. Hence his remark that the agreement suggested would be compatible with the absolute sovereignty of the States or that the "federation" would be "supple enough to respect the independence and sovereignty of each individual State". In Briand's project, the word "federal" was far from being employed in the strict meaning thereof.

In Monnet-Schuman's conception however, which is the mainspring of the current process of European integration, federalism is squarely acknowledged as the transfer of sovereignties and the creation, in time, of a federal State – this is the view of the United States of Europe. The starting point was that the sovereign States of the past had become too small for the post-war world and were no longer adequate to solve the problems they had to grapple with. Hence the progressive construction of Europe by means of successive delegations of sovereignty, through the "spill over" mechanism triggered by the creation of an international authority entrusted with the management of the coal and steel sector.

Along these lines, governments would have to be ready to proceed to the transfer of those "supplements of sovereignty" required to the creation of a real European Union.

2. The federal conception of the European integration was epitomised in the Paris Treaty that established the European Coal and Steel Community and represented the first example of "sector federalism". Although this kind of Community of vertical integration, whose typical

(*) On the commemoration of the fiftieth anniversary of the Schuman Declaration, at the Faculty of Law of the University of Lisbon, May 8, 2000.

feature is its prevailing supranational nature (independence of a High Authority having a central role in the decision-making process), is, at times, opposed to the the model of the European Economic Community, whose predominantly intergovernmental character is apparent with the prevalence of the Council of Ministers, in which, moreover, the unanimity rule prevailed for a long time, the truth is that, despite the intentional exclusion of the term "supranational", the structure of the EEC was prepared to generate some *federalist dynamics*, which, in time, gained more strength.

In any case, the alternative model of European integration, based on intergovernmentalism and the simple cooperation amongst sovereign States, was superseded. This model comprised both the Gaulliste view of the "Europe des Patries" of the 60s, and, years later, the diatribe of Prime Minister Margaret Thatcher against the European Superstate ruling from Brussels.

3. The federal or supranational impulses in the European construction have, essentially, a dual source: *the evolution of the judicial system of the Community*, with the adoption of the supremacy view and the assumption of the Treaty as the Constitutional Chart of the Community; and the *various revisions of the European Treaties*, where supranational elements are sometimes introduced discreetly (the Single European Act established the cooperation process giving the Parliament access to the legislative function and waived the unanimity requirement for decisions concerning the creation of the internal market; the Amsterdam Treaty broadened the area of applicability of the codecision process and increased the number of situations where decisions within the Council can be taken by majority vote, and operated the partial "communitarisation" of the 3rd pillar of the European Union); and where, other times, the federal outlook is openly accepted.

The *intensifying of federal features* arose from the Treaty on the European Union, as a result of which integration within the Community has achieved a new and more demanding level, that of the economic and monetary union. But it was not merely a question of transferring the power concerning money and monetary policy to supranational bodies; one must further bear in mind, "inter alia", the creation of a citizenship of the Union, the launching of the codecision process and the possibility to subject Member States to pecuniary sanctions.

4. Because the said possibility is relatively new, it is worthy of some reflections. Pursuant to art. 228 (ex art. 171) of the EC Treaty, as revised by the Treaty on the European Union, if the Court of Justice finds and declares that a Member State has failed to fulfil an obligation under Community law and if the State in question fails to take the measures to comply with the Court's judgement, the defaulting State may be condemned to pay a lump sum or a progressive penalty corresponding to a pecuniary sanction.

The new wording of the article – the powers of the Court were formerly confined to the mere verification of the breach (either of the rule that had been materially breached or of the judgement putting and end to the procedure) – sets forth the possibility to apply a penalty to the member States, whereas before only individuals or companies were subject to such penalties.

As a matter of fact, this is not the only area where this has taken place: within the economic and monetary union too, pecuniary sanctions may be imposed on member States in order to reduce excess budgetary deficits – as set forth in art. 104 (ex art. 104-C) of the EC Treaty, complemented and completed by one of the Regulations establishing the Stability and Growth Pact. It so happens though, that within the EMU, the decision to impose penalties is entrusted to other member States and not to the judicial body of the Community.

The imposition of pecuniary sanctions on member States due to the ongoing breach of Community rules or to excess deficit, is a new, markedly federalist feature of the European integration process.

It is true that the Community still lacks the coercive means to force a State to effectively correct its behaviour. But it is also true that the possibility to impose pecuniary sanctions is a powerful means to dissuade member States from pursuing policies contrary to Community rules.

Given the particular sensitiveness of the excess deficits process, where the alleged fault of a member State is subject to assessment by the other States, with the understandable delicate political implications arising therefrom, one may question the practical effectiveness of the practice of non remunerated deposits and the conversion thereof into pecuniary sanctions.

However, this problem does not seem to arise with regard to the sanctioning of ongoing breaches. This is the domain of enforcement of the judgements of the Court of Justice, representing the closure of a process in which the Commission plays an essential role as the guardian of the Treaties.

It was along these lines that, recently, under process C-387/97 (Commission vs Hellenic Republic) a fine was imposed on a member

State for the first time – in tune with the idea that it is not a question of punishing the State for its breach, but rather of inducing it to comply. The fine, as referred by the Advocate General in his conclusions, should be sufficiently high to compel the member State to correct its behaviour, that is, it should be higher than the benefit the member State obtained with the breach.

5. An unexpected centralising trait seems to be underlying the warning to Austria by the remaining fourteen member States of the European Union, of January 31st 2000, communicated by the Government of the country then holding the presidency – Portugal – to the effect that, should a certain extremist right-wing party enter the governmental coalition of that State, as eventually happened, each of the said member States would halt the bilateral agreements entered into with Austria, both at the political and at the diplomatic level.

The above mentioned measure illustrates an unprecedented interference in the domestic policy of a member State, based not on any breach of fundamental principles of the law of the European Union (for which adequate sanctioning mechanisms are provided for since the Amsterdam Treaty), but on the mere expectation that such breach may come to occur.

Resembling more a reaction in the fashion of the 19th Century Holy Alliance than the product of formal federalist impulse, the initiative taken by the fourteen member States is foreboding of further restrictions to the sovereignty of the member States.

6. Even if the States are not too emphatic on the evolution towards federal structures, the likelihood that new supranational impulses will arise should not to be ruled out.

On the one hand, the establishment of the monetary union, along with the pertaining institutions, and the failure to establish a similar structure in the field of the economic policy, is likely to trigger the well known "spill over" mechanism towards fiscal federalism; on the other hand, unless the forthcoming enlargement, that will virtually double the number of member States, is implemented through long-lasting and balanced schemes of variable geometry, it may imply the introduction of new supranational traits simply as a requirement of efficiency and operability in the running of the Community institutions.

Faced with the increasing penetration of federal elements, the remaining power of the States is centred on the requirement of unanimous voting within the Council with regard to certain matters, either directly, as in the domain of the tax harmonisation, or in the form of a process where, as in respect of reinforced co-operation, fundamental interests of national policy become decisive; the essential role played by the European Council (with some ambiguity, given that, being an intergovernmental body, it has been, notwithstanding, capable of proposing solutions with strong federal traits, as was the case with Maastricht); the revision of the treaties being subject to ratification by all member States; and the clearly non supranational nature of the 2nd pillar (Common Foreign and Security Policy).

7. The federal model of the Unites States of America can not be transposed to Europe.

Alexis de Tocqueville referred that the American confederate States had been part of the same empire for a long time, had not acquired the habit of self-government and national prejudices had never become deeply ingrained. Adding the cultural and linguistic homogeneity to the above would suffice to produce the exact negative of the picture upon which the current dynamics of European integration is based.

Thus, the American federation was born from units that were never really autonomous, which explains why Alexandre Hamilton went as far as questioning the subsistence of the States as political units after the establishment of the Union. In the essays published in "The Federalist" and despite the care taken by the authors with their statements, whose purpose seemed to be to soothe the States, that the powers delegated under the Constitution to the Federation would be scarce and that all other powers would remain in the competence of the States, there were no hesitations in describing the new reality as "a nation under a federal Government".

The "nationalising" view that was typical of the American federation largely explains the relative ease with which a strong central power was established and how it was later possible to consolidate a nation-State that was fairly centralised.

Because the European experience lacks the elements of the American political process, it seems obvious that, even if the federalist dynamics came to be intensified in Europe, the same would not lead to the centralising formula of the US experience. In particular, it will not be easy for the European States to waive their powers as largely as the units of the American federation did.

8. Thus being, to the exception of the streams who more strongly support an "archifederalism" implying the establishment of a European Superstate (following the model of the United States of America, where the President and the two Chambers of the Parliament are directly elected by the people and where one of the two Chambers is composed of two members for each Federate State), those favourable to a federal view of Europe endorse what is referred to as "neo-federalism", where a double legitimity is acknowledged – that of the citizens, on which the designation of the members of the European Parliament is based, and that of the States, embodied in the Council, formed by representatives of the national governments, the Commission being linked to both legitimacies, as its members are initially appointed by the Governments, but depend upon the Parliament both in terms of its investiture and of the collective resignation as a result of the approval of a vote of no confidence.

This is the view of the mitigated federalism which is referrable to as the "decentralised and cooperative federal model", outlined in the proposal for a Constitution of the European Union submitted in September 1993 to the European Parliament. The said proposal dismissed both the classical federal model – deemed unacceptable as it would relegate the States to the status of Germany's Länder – and the regional federalist model, even more out of touch with reality, given that the Committee of the Regions would assume the co-decision power along with the European Parliament.

In the decentralised model, the European Parliament would achieve full equality with the Council in the legislative and decision-making process, whereas the execution of the decisions would still mainly be the responsibility of the States.

9. Despite the fact that decentralisation is a distinctive characteristic of federalism and is predominant in those cases where the federation springs from the transformation of a unitary State – as is the case with Belgium – but is also carried out in Federal States already established, as a result of the application of the subsidiarity principle, the truth is that the federal perspective, if adopted by a group of sovereign States, will inevitably assume a feature of centralism, to the extent that each of those States assigns important sovereign powers to the bodies established for such purpose within the federation.

The process of European integration has not been following the classical models of the association of States. The typical confederal formula was never attempted (other than, maybe, at the initiative of the

French in the 60s). The European integration took years to include domains that are typical of confederations (foreign and common security policy), and even when it did, it was outside the mechanisms that are typical of a Community which remained focused on economic matters.

In real federations, contrary to confederation models, member States, albeit retaining substantial powers internally, transfer to the newly established central Government the domains of foreign and defence policies. Thereafter, it is the federal State, as a whole, that becomes sovereign for the purposes of international law. This description does not apply to the European construction either.

What is decisively original in the European Community (and even more so today with the more encompassing European Union) is its *hybrid nature, the presence, at the same time, of elements relating both to the supranational and the intergovernmental viewpoint*. Because the integration process is evolutive and dynamic, these elements are swinging.

10. Since its beginning, the *federal, or supranational, or centripetal traits* of the Economic European Community were acknowledged: the unlimited duration; the autonomy of the institutions; the participation thereof in the revision of the Treaties; the assumption of competences in important matters as a result of the waiver by the States of the exercise thereof; the legislative competence of the institutions of the Community; the submission of the States to decisions taken by majority; the declaration by the court of situations of breach; the existence of a direct power over the citizens of the European States.

On the other hand, however, there were also *elements typical of intergovernmental cooperation – "confederal" or centrifugal elements*: the conventional nature of the Community, based on an international treaty which the member States were at liberty to revoke at any time, and whose revisions are subject to ratification by each member State; the limitation of competences under the Treaty to specific domains (vested competences), together with the fact that the States retain all non transferred sovereign powers (in particular, in the crucial areas of foreign and common security policy); the lack of power of the Court of Justice to declare acts of members States to be null and void; the predominant role of member States through the predominance of the Council in the establishment of rules of the secondary Community law.

From the comparison between these elements resulted that the Community was not classifiable under any known model of political and economic organisation, that it represented rather a middle term between the international organisation based on simple cooperation and the federal State, its nature being somehow nebulously classified as "sui generis"... The Community, as someone mentioned, is "an extraordinary laboratory, unclassifiable under any known schemes".

11. In the evolution of the European integration that took place since the onset of the EEC there have been virtually no retrogressions (other than, maybe, the victory of the French position in favour of unanimous vote within the Council, during the 1965/66 institutional crisis). The trend has been one of strengthening of the federal traits, both through the definition and consolidation of principles of the Community legal order (see, for instance the principle of supremacy and the extension of the direct effect resulting from the Court's case law) and through the increase of Community competences beyond the provisions of the Treaty, based on the "evolutive" clause therein contained or as a result of the doctrine of the implied powers.

On the other hand, after the original international conception, still patent in important decisions of the Court of Justice, such as the Van Gend ruling in 1963 which referred to a new *international* legal order, a more explicit federalist perspective was adopted, as evidenced in the "Les Verts-Parti Écologiste" ruling of 1986 in which the treaties are referred to as the "Constitutional Chart of the Community" and the provisions thereof regarded as the "internal law" of the Community. Thus a "federal system of law" was established.

12. The federalist impulse gathered its greatest momentum to date with the Treaty on the European Union. The establishment of an economic and monetary union opened new domains of action to the Community, in particular due to the establishment of a new body with marked supranational features, the European Central Bank – and the fact that the States have forgone what was traditionally regarded as a key area in the chore of sovereignty. As a result of the above, and due to the extension of the competence of the Community to non-economic domains, that, in fact, led to the new denomination of "European Community", the reference to the assignment of powers to specific *limited domains*, that was reasonable within the European Coal and Steel Community and even during the first stage of the EEC, ceased to correspond to the reality. The formal creation of the extra-community pillars brings into the European integration process the issues of foreign and common security policy as well as those of judicial and police cooperation in criminal matters; although such pillars are subject to a *predominantly intergovernmental* regulation, the fact is that, as a result of their introduction in the system, they became available in view of a transformation along *supranational lines*.

For such changes to occur it would be sufficient to set forth that substantive matters falling under foreign and common security policy be submitted, without reservation, to the decision of the majority. Individual member States would cease to have the last word on these subjects and such might lead to the formation of a new statal entity that would, essentially, hold the power to sign treaties, and have the ability to be a member of international organisations and to maintain diplomatic representations before foreign States. Through the "communitarisation" of the 2nd pillar, the Union would be approaching the threshold of the federal State.

However, the *federalist acceleration may be brought about not just by the "communitarisation" of the intergovernmental pillars, but also through the development of the economic tier of the EMU* that would place it at the same level with the monetary tier. The impact of the catalytic action of the single currency would be felt here. If the path of the tax and fiscal federalism is openly followed, then the consolidation of the political structure of the Union in its federal sense may not be distant.

13. Since the steps mentioned above have not been taken so far, the above referred *originality of the Community – issuing from the hybrid presence of both federalist and intergovernmental factors* – is still very much a reality. However, with the progression of the federalist traits, the line that separates the Union from the federalist structure in the true sense of the term becomes increasingly finer. And the ambition to continue in that direction, despite the heterogeneity created by the forthcoming enlargement, leads to the conception of solutions of variable geometry, by means of the adoption of "enhanced cooperation" mechanisms, allowing for different levels of integration and the creation of a "hard nucleus" of States (this concept being sometimes associated to the view, feared by the medium and small member States, of a directorate led by the larger countries).

Although the federalist impulses are expected to continue, it is not likely that the European States will accept joining together into a pure federalist structure. It is well known that the States of a real federation are not sovereign States for the purposes of international law, and, to that extent, they are similar to regions and other units issuing of State decentralisation.

Unlike some opponents of the single European currency sustain, it is not true that the establishment of an economic and monetary union would inevitably lead, in time, to the creation of a European federal State, in charge of the foreign and common security policy as well as of the social and economic policy. Even the defenders of a federalist Europe seem more cautious as regards the automatic link between EMU and future federalism, possibly because they are reminded of the limited "spill-over" potential of the European Coal and Steel Community.

14. The future of Europe as a federation is conditional upon any prospective assignment of competences in matters of foreign policy to the supranational level and also upon the establishment of a real economic union based on the substantial transfer of powers at the fiscal and tax level. Thus, the coordination of the national policies would be surpassed in these areas, which are fundamental to the affirmation of the sovereignty of the States.

However, if until now the European states have shown their availability for specific but important limitations of sovereignty (under the allegation of the "shared sovereignty"), there is no evidence that they are willing to go as far as to totally waive their sovereign powers, which would lead to the effacement of the States for the purposes of international law and to the establishment of a new federal structure governed by a federal Constitution.

The idea of the European federation based on the full constitutionalisation of the treaties, and on the creation of a new central State holding the competence of its own competence, is a far-fetched view. At the present point of the European integration process the psycho-sociologic foundations of a "European nation" did not materialise. The nation State is still very much vital, despite the fact that national pride, so evident in the North American federation, seems to have weakened in the European countries.

15. The integration process has, no doubt, good reasons to continue – it being unquestionable that the solutions to the problems arising in most domains of societal life cannot be found within the limited national frame of the European states – but without reaching the extreme point where the States would loose the status of sovereign entities with regard to international law.

As mentioned above, the European federalism has grown by impulses or jolts, focusing partially on specific aspects of legal, political and economic areas of integration. Thus being, it is not the product of the ongoing implementation nor of the execution of an explicit and predefined programme aiming at the establishment of a federation.

Likewise, the term "federal" has not been employed in the European treaties, when referring to the goals of the Union. Upon the establishment of the Coal and Steel Community, the reference "supranational" was formally adopted; later, however, the expression "ever close union " was introduced so as not to imply a commitment to any given model. But this care on not using a word so emotionally charged, did not prevent the growth of a federalist penchant as the Community progressed onto more demanding levels of integration.

Thus being, it would not be surprising if the European Union retained for a long time the *hybrid structure* that is the source of its originality, very likely with the *strengthening of federalist features* (at least in the more advanced form of concretization of schemes of variable geometry), but not to the point where Member States would waive their control over essential aspects such as the unanimous approval of the amendments of the Treaties upon which the Union is based. Upholding the requirement that the said approval come from all member States induces the apparently soothing idea that they are still the "masters of the treaties". Such idea, however, is becoming somewhat illusory, in the light of the magnitude and almost irreversible nature of the commitments implied by the dynamics of the European integration.

THE FLIMSINESS OF THE EURO: A CURRENCY WITHOUT A STATE (*)

1. The main cause of the persistent weakness of the euro in the foreign exchange markets, and specifically in relation to the US dollar, can probably be found in the different behaviour of the American and European economies.

The United States having enjoyed an unusually long expansion, the European Union is far from showing a comparable dynamism. This situation is reversible, and there are signs that the American economy, and in particular its financial markets, is drawing near some sort of "landing", hopefully of the soft type. Europe may, in time, achieve some progress in the area of structural reforms and create the bases for a steady growth .

The attraction of foreign funds to the US markets, propelled not only by the more favourable outlook of the American economy, but also by the interest rate differential (only partially offset after the recent increments of the European Central Bank rate), explains to a large extent the depreciation of the euro. In some occasions, such depreciation was boosted by awkward declarations of leading personalities (the German Chancelor praising the effect on exports, the chairman of the ECB stating that, in the context of Middle East conflict, no supportive intervention would occur).

2. There may be, however, deep rooted reasons for the frailty that has been haunting the euro. It could of course be expected that this brand-new currency might take a certain time to consolidate its influence in the world markets. However, being based on an economy as large as that of the United States, and representing, to some extent, an amplified "Ersatz" of the prestigious Deutsche Mark, it seemed predestined to emulate the

(*) Working Group II, Economic and Financial Capacity to ensure the EU Enlargement, Conference on "Enlarging the European Union" (Fifth ECSA-World Conference, Brussels, 14-15 December 2000).

dollar, matching or even overtaking the international role of the American monetary unit.

So far, there is no sign that this process of euro affirmation is taking place. Since it was created in January 1999, the euro gradually declined in regard to the dollar: in terms of the American currency; at a certain time, the depreciation was not far from 30 per cent.

3. A factor that possibly contributes to the relative weakness of the euro is the peculiar nature of the new European monetary unit. Differently from the pattern of a national currency, there is no unified power behind the euro, as it is based on an alliance of nations that, having abandoned their monetary sovereignty in favour of a supranational entity (the European Central Bank), did not operate a similar transfer in other fields of economic policy.

The Member States of the European Union retain, at least for the time being, their capacity as actors in the international stage: the Community is not a federation, it is characterized by a **hybrid and evolving combination of supranational and intergovernmental features**. The contrast between such features is particularly significant in the very conception of EMU, as set up in the Maastricht Treaty.

Monetary union matters were completely driven away from the individual control of the Member States, becoming regulated by a body of technocratic composition, whose members enjoy full independence and are not politically responsible towards any of the European Union institutions or national authorities.

Being committed, as stated in the EC Treaty, to the task of maintaining price stability, the European Central Bank may easily enter in dissonance, eventually even in conflict, with Member States' authorities, who remain in charge of economic policies defined at the national level, only subject to a loose co-ordination through the mechanism of multilateral surveillance.

The authors of the Treaty did not want to extend to the non monetary economic policies (namely, budgetary and incomes policies) the same type of supranational guidance that was established in the monetary field. They kept monetary policy apart, assuming in a somewhat naïve way that it is possible to achieve the objective of price stability without the contribution of other kinds of State policies, and that such objective should get absolute supremacy over the other goals of economic policy.

4. Having established a monetary federal power with no counterpart in the remaining policy areas, and having specifically refrained from entering into the sphere of fiscal and budgetary federalism, the Maastricht Treaty opened the way to possible clashes between the monetary supranational body and the national governments. Once or twice, the difference of opinions between the German government and the ECB leadership was a sketch of such clashes.

It is not surprising that the markets, being attentive to the possibility of the occurrence of the above referred conflicts, regard the euro with some distrust. This is a consequence of the EMU blueprint giving to the euro the nature of **a currency not supported by a State**.

Since the end of November, some recovery of the euro in relation to the dollar is taking place. This may represent the beginning of a long awaited reversion, impelled not so much by improvements in the area of the European economy, but fundamentally by negative developments of significant US indicators. Such conjonctural evolution does not conceal, however, the existing congenital factors of the flimsiness of the euro.

5. Following the schedule defined by the European Council, the euro is still a sort of "virtual" money, as it will only enter the physical circulation in the beginning of 2002. This situation is of course transitory, but while it lasts it may represent a further element affecting the reliability of the unit.

6. The euro area is still not coincident with that of the European Union. Britain and Sweden are sticking to a "wait and see" position, while Denmark formally refused by referendum to adopt the common currency. This "two speed" approach to the euro does not contribute to its credibility.

It should also be remarked that, although monetary policy inside the euro area is unquestionably assigned to the European Central Bank, the same cannot be said in regard to the foreign exchange policy of the Euroland, as in this field the power is shared in a not clear way by the Council and the ECB.

The above mentioned factors may not be of decisive importance, but they contribute to explain why the rate of exchange of the euro against the dollar tends to be more sensitive to bad news than to good news...

7. The implications of the duality of nature of EMU in the external projection of the euro are only an aspect of the general problem on the feasibility of a supranational monetary union coexisting with an intergovernmental economic union.

A dilemma may be faced sooner than expected by the parties involved in the process of European integration: allowing things to stay as they are, taking the risk of a collapse of the monetary union; progressing towards some kind of fiscal and budgetary federalism, in order to consolidate the monetary union amidst an economic union also endowed with federal characteristics. If the second alternative is chosen, an effect of spill-over towards a new layer of integration will take place, and, one day, the States may eventually find themselves on the verge of a political union of the federal type.

When the Member countries approved the structure of EMU and committed themselves to its creation (with the exception of Britain and Denmark), they seemed to believe that the common currency would be a sort of "aseptic" element, free from decisions involving policy choices. It seems that, instead, they may be dragged into a process of political integration that was not foreseen, and for which some of them do not feel at all motivated.

OS BANCOS CENTRAIS NACIONAIS E A FUNÇÃO EMISSORA NO ÂMBITO DO EURO-SISTEMA(*)

1. No Relatório sobre a União Económica e Monetária na Comunidade Europeia, apresentado em 1989 pelo Comité para o Estudo da União Económica e Monetária, embora se considerasse que a adopção da moeda única não é "estritamente necessária" para a criação de uma união monetária (bastando que o processo termine com a fixação definitiva das paridades cambiais entre as moedas nacionais), advertia-se que aquele passo corresponderia a um "desenvolvimento natural e desejável" – como demonstração da irreversibilidade do processo, como forma de facilitar a gestão monetária da Comunidade e como meio de evitar custos de transacção e conversão das moedas, concluindo-se que "a substituição das moedas nacionais por uma moeda única deverá... ser efectuada logo que possível, após o estabelecimento de paridades fixas"[1].

Seria necessária, para gerir a união, a criação de uma instituição monetária, a acrescer às quatro instituições comunitárias já existentes. O relatório identificava a nova instituição com o Sistema Europeu de Bancos Centrais, incumbido de gerir a política monetária, por seu turno constituído por "uma instituição central" e pelos bancos centrais nacionais.

Diferentemente do que preconizava para a vertente monetária da UEM, em que para o lançamento da moeda única se exigia a alteração institucional correspondente à criação do Sistema Europeu de Bancos Centrais, o relatório considerava que o conjunto das instituições comunitárias clássicas proporcionaria enquadramento bastante às políticas a praticar no âmbito da vertente económica. De certo modo, a união económica era identificada com o já introduzido mercado interno, acompanhado de políticas também já existentes, limitando-se aqui as novidades de maior tomo à imposição de normas vinculativas no domínio orçamental.

(*) Estudo elaborado em Março/Abril de 2001.

[1] Comité para o Estudo da União Económica e Monetária, "Relatório sobre a União Económica e Monetária na Comunidade Europeia", Bruxelas, 1989, n.º 23.

2. As recomendações do Relatório sobre a União Económica e Monetária foram basicamente acolhidas na revisão do Tratado da Comunidade Europeia, decorrente do Tratado da União Europeia. A diferença principal terá residido no apagamento da relevância institucional da figura do Sistema Europeu de Bancos Centrais e na identificação da "instituição central" com o Banco Central Europeu.

O confronto entre a caracterização da vertente monetária, onde o advento da moeda única, em articulação com a formulação uniforme da política monetária, constitui inegável traço supranacional, e a configuração da vertente económica, onde nada se adiantou na via da centralização orçamental e se manteve o sistema de coordenação das políticas económicas nacionais, apenas aperfeiçoado pela introdução do mecanismo de supervisão multilateral, é revelador de um desequilíbrio entre as duas partes constitutivas da união económica e monetária.

A assimetria entre as vertentes da política monetária e da política económica era possivelmente menos pronunciada na concepção no primeiro projecto da união económica e monetária (o plano Werner do início dos anos 70), na medida em que postulava a criação de um "centro de decisão para a política económica", politicamente responsável perante o Parlamento Europeu e decorrente da transferência de domínios da política económica e social para o nível comunitário.

3. Na concepção da UEM baseada no relatório de 1989, a entidade responsável pela política monetária mostra-se "forte em contexto institucional fraco"[2] – fraqueza resultante da não transposição para o plano comunitário da política orçamental, da política fiscal e da política de rendimentos.

No entanto, tem de reconhecer-se que na própria união monetária existem importantes elementos de descentralização, inerentes à "estrutura federativa" que foi conferida ao Sistema Europeu de Bancos Centrais – estrutura que assegura aos governadores dos bancos centrais nacionais participação no Conselho do Banco Central Europeu, a par dos membros da Comissão Executiva, e que implica um amplo campo de acção aos BCNs, quer em operações praticadas em execução de instruções do BCE, quer em acções desenvolvidas autonomamente.

---

[2] Jean-Victor Louis, "L'UEM et Ia Gouvernance Économique", in "The European Union and the Euro. Economic, Institutional and International Aspects", Fourth ECSA-World Conference, Comissão Europeia, Bruxelas, 2000, p. 163.

Não estará aqui necessariamente presente o princípio da subsidiariedade, no sentido específico que lhe dá o artigo 5.º do Tratado da Comunidade Europeia – mediante o qual a Comunidade só intervem "se e na medida em que os objectivos da acção em causa não possam ser suficientemente realizados pelos Estados membros" e se, atentas "a dimensão ou os efeitos da acção prevista", puderem ser melhor alcançados a nível comunitário. Esse princípio já havia sido qualificado no Relatório sobre a União Económica e Monetária como "um elemento essencial na definição do equilíbrio adequado dos poderes dentro da Comunidade"[3]. É que é ao Sistema Europeu de Bancos Centrais que foram confiadas as atribuições básicas no campo da definição e execução da política monetária da Comunidade (artigo105.º, n.º 2, do Tratado CE) e, no seu âmbito, as orientações e decisões relativas à política monetária cabem ao Conselho do BCE (art. 12.º, n.º 1 dos Estatutos do SEBC). Poderá porventura sustentar-se que, por estar afinal em causa um domínio das atribuições exclusivas da Comunidade, deixará de ter aplicação o princípio da subsidiariedade[4].

No âmbito das questões atinentes à união monetária, a subsidiariedade só se manifestaria, assim, em campos em que ao SEBC e o BCE não fossem conferidas específicas competências de decisão, como é o caso da supervisão prudencial das instituições de crédito.

4. Mas, mesmo que no plano das atribuições atinentes à política monetária (incluindo as autorizações de emissão) se reconheça a preeminência do BCE, o certo é que o espírito que está subjacente à afirmação do princípio da subsidiariedade – o espírito descentralizador – não deixa de constituir marca profunda na caracterização do sistema de funcionamento dos orgãos da união monetária.

Diferentemente da Comissão Europeia, composta apenas por certo número de membros devendo exercer as suas funções com plena independência em relação aos Estados de que são nacionais, o Sistema Europeu de Bancos Centrais tem uma estrutura complexa, integrando, além do Banco Central Europeu, os próprios bancos centrais nacionais[5]. Também

---

[3] Relatório Sobre a União Económica e Monetária, cit., n.º 20.

[4] No sentido de não ser aplicável o princípio da subsidariedade à matéria atinente às missões do SEBC, mas de poderem as operações e actividades do sistema ter lugar a nível descentralizado: René Smits, "The European Central Bank. Institutional Aspects", Haia, 1997, pp. 111-112.

[5] Em rigor, deveria distinguir-se o Sistema Europeu de Bancos Centrais (SEBC), composto pelo Banco Central Europeu e pelos bancos centrais nacionais (BCNs) de

aqui se afirma a actuação independente em relação aos Governos e às demais instituições comunitárias (ao BCE acabou por não ser conferido o qualificativo de "instituição", mas, pelo modo como exerce os seus poderes, não é difícil situá-lo a nível comparável ao dos quatro grandes orgãos clássicos da arquitectura da Comunidade Europeia).

Tendo-se rejeitado soluções maximalistas, como seria a fusão dos bancos centrais nacionais num único banco central, optou-se realisticamente pela já referida "estrutura federativa", vindo ao encontro, entre outros aspectos, da "diversidade política da Comunidade". Nesta estrutura, os bancos centrais nacionais intervêm a dois títulos: primeiro, pela integração dos respectivos governadores no Conselho do BCE, onde, aliás, a sua posição, vista em globo, é amplamente maioritária (os restantes componentes daquele orgão sendo os membros da Comissão Executiva, incluindo o respectivo presidente, também presidente do BCE); depois, pela execução de operações em conformidade com as decisões adoptadas pelo Conselho do BCE.

Pode afirmar-se, na verdade, que no SEBC se aplica o **princípio de descentralização**, segundo o qual, em toda a extensão possível, "o BCE recorrerá aos bancos centrais nacionais para realizar operações que fazem parte das tarefas do Euro-sistema" – actuando os bancos centrais nacionais como "os braços operacionais do BCE".

5. É de notar, aliás, que a perspectiva descentralizadora é mais pronunciada no Sistema Europeu de Bancos Centrais do que nos outros sistemas de banca central organizados em moldes federais.

No Conselho do BCE a posição minoritária dos membros da Comissão Executiva vai-se acentuando à medida que novos países ingressam na zona do euro.

Com a entrada da Grécia, passaram a ser doze os bancos centrais nacionais participantes no SEBC. Tantos são os membros do Conselho do BCE dimanados dos bancos centrais nacionais, precisamente o dobro dos

---

todos os Estados membros da União Europeia, do "Eurosistema", que agrega o BCE e apenas os BCNs que pertencem à zona do euro.

Do Conselho do BCE só fazem parte os governadores dos bancos centrais integrados no Euro-sistema, mas existe um outro orgão, o Conselho geral do BCE, no qual figuram os governadores de todos os bancos centrais nacionais da União Europeia, e que exerce basicamente funções de informação e de preparação da passagem ao regime da moeda única – servindo assim de elemento de ligação entre os países "in" e os países "out".

componentes da Comissão Executiva. No Open Market Committee do Federal Reserve System dos Estados Unidos os bancos distritais dispõem de cinco lugares, num total de doze membros. E no Conselho de dezassete membros do Bundesbank os bancos centrais dos Länder dispõem de nove votos. O desnível entre o número de trabalhadores do BCE (várias centenas) e o dos bancos centrais nacionais (que não andará longe de cinquenta mil) também faz ressaltar a perspectiva descentralizadora[6].

Parece, assim, que a Comissão Executiva do BCE tem uma posição mais fraca em termos de tomada de decisões do que a dos orgãos homólogos dos sistemas norte-americano e alemão[7].

6. E não é de surpreender que seja particularmente vincado no plano do SEBC o traço descentralizador, ligado não só ao respeito da identidade nacional, no âmbito de uma união monetária em que os Estados membros conservam os atributos fundamentais da soberania nacional (e não só em áreas fulcrais como a política externa e a defesa, como no plano das próprias políticas económicas não monetárias), como à consideração realista de que os bancos centrais nacionais dispõem de condições operacionais que os tornam elementos indispensáveis na condução, no terreno, das orientações e decisões adoptadas pelo Banco Central Europeu.

Esta intervenção dos bancos centrais nacionais está prevista em vários artigos do Estatuto do SEBC e do BCE, sendo de referir em especial o último parágrafo do n.º 1 do art. 12.º ("o BCE recorrerá aos bancos centrais nacionais para que estes efectuem operações que sejam do âmbito das atribuições do SEBC"), o n.º 1 do artigo 18.º (prevendo que os bancos centrais nacionais intervenham nos mercados financeiros e efectuem operações de crédito com instituições de crédito e outros intervenientes no mercado), e o artigo 23.º (consentindo aos bancos centrais nacionais a realização de operações com activos cambiais).

---

[6] Analisando a estrutura mais descentralizadora do SEBC em comparação com a de outros sistemas federais, Sylvester Eijffinger e Jakob de Haan observam que, enquanto o Board do Sistema de Reserva Federal ocupa 7% do pessoal do Sistema, a relação é de 16% entre o orgão central e o total do pessoal do Bundesbank e apenas de 0,9% entre o BCE e o SEBC ("European Monetary and Fiscal Policy", Oxford, 2000, p. 35).

[7] Com o desígnio de obviar à relativa fraqueza do Euro-sistema, têm sido apresentadas propostas de reforma envolvendo a transformação desse sistema num "verdadeiro Banco Central Europeu", nomeadamente através da revisão das regras de voto no âmbito do Conselho do BCE. Cfr., a este respeito: Lorenzo B. Smaghi e Daniel Gros, "Open Issues in European Central Banking", Londres, 2000, pp.171 a 175.

Nos domínios em que a responsabilidade central cabe ao BCE existe, sem dúvida, a exigência de adequação dos bancos centrais nacionais às "orientações e instruções do BCE" (art. 14.º, n.º 3).

Nas questões da política monetária há, até, uma cadeia hierárquica tríplice, cabendo ao Conselho do BCE a adopção de orientações e tomada de decisões, à Comissão Executiva a execução da política de acordo com tais orientações e decisões, e devendo os bancos centrais nacionais receber deste último orgão as correspondentes instruções. Mas, para além do facto de os bancos centrais nacionais se encontrarem, por seu turno, representados por forma determinante no próprio Conselho do BCE, a sua presença a nível das operações com os agentes económicos e os intermediários financeiros mostra-se insubstituível.

7. No contexto, que fica referido, de ampla descentralização – talvez a principal característica distintiva em relação à organização monetária das próprias federações –, está prevista a possibilidade de emissão de notas por parte dos bancos centrais nacionais. A matéria vem regulada no artigo 106.º, n.º 1, do Tratado da União Europeia, retomado no artigo 16.º dos Estatutos do SEBC.

Atribui-se ao Conselho do BCE "o direito exclusivo de autorizar a emissão de notas do banco na Comunidade", e estabelece-se que "o BCE e os bancos centrais nacionais podem emitir essas notas", sendo as notas emitidas por aquele ou por estes "as únicas com curso legal na Comunidade".

O facto de se subordinar a **emissão** à autorização do Conselho do BCE não retira aos bancos centrais nacionais – admitindo-se que venha a ser exercida a seu favor a autorização prevista – a qualificação de entidades emitentes de notas de banco. Se é certo que o "domínio" da emissão cabe ao BCE[8], não é menos certo que a emissão propriamente dita, isto é, a colocação das notas junto do público – identificada com "o modo como as notas são efectivamente postas a circular" –, caberá às entidades que forem concretamente autorizadas para tal. O artigo 16.º dos Estatutos fala claramente em que o BCE e os bancos centrais nacionais podem emitir notas – e o que está aqui em causa é o acto pelo qual as notas são postas a circular, não o aspecto prévio atinente às decisões envolvendo autorização para emitir.

---

[8] J.-V. Louis distingue a "mâitrise" da emissão do processo de emissão, considerando que a primeira é detida pelo BCE, mas que , no segundo, correspondendo ao modo como as notas são postas a circular e ao seu fabrico, os BCNs podem e devem ter um papel. ("Union Économique et Monétaire, Commentaire Megret, Le Droit de Ia CEE", Vol. 5, Institut d'Études Européennes, Bruxelas, 1998, p. 88).

8. A emissão não se confunde com o poder de autorizar a emissão[9]. São realidades distintas. O conceito de emissão não abarca o exercício do poder de autorizar. O artigo 106.º do Tratado CE distingue claramente os dois aspectos, conferindo o poder de autorizar a emissão, em exclusivo, ao Conselho do BCE, e abrindo a possibilidade de a emissão, em si mesma, ser encabeçada no Banco Central Europeu ou também nos bancos centrais nacionais.

Se é reconhecido que o princípio de descentralização implica que, "na extensão considerada possível e apropriada, o BCE recorra aos bancos centrais nacionais para operações que fazem parte das tarefas do Euro-sistema"[10-11], não se vê por que haveria de recusar-se aos BCNs a possibilidade de emitirem notas de banco[12].

Os Estatutos, para além de estipularem que, em geral, o BCE recorrerá aos bancos centrais nacionais para a realização de operações no âmbito das atribuições do SEBS, estabelecem especificamente (artigo 16.º) a competência dos BCNs para procederem à emissão de notas (no pressuposto de para tal obterem autorização por parte do Conselho do BCE, e sempre dentro da exigência de conformidade com as orientações da entidade central do Sistema).

---

[9] É habitual distinguir-se a emissão monetária, entendida como a colocação em circulação no público de moeda fiduciária (notas, moedas metálicas), da emissão de títulos, correspondente à criação de valores mobiliários por empresas, pelo Estado ou por entidades públicas.("Dictionnaire d'Économie et de Sciences Sociales", Ed. Nathan, Paris, 1998).

[10] Como sublinha Paul De Grauwe, no Eurosistema, que este autor considera ser uma realização única na história, é a importância, que persiste, dos Estados membros no contexto da União que torna necessário construírem-se instituições monetárias suficientemente descentralizadas, ao mesmo tempo que se mantém a unidade na condução da política monetária ("Economics of Monetary Union", Oxford, 2000, pp. 166 e 173).

[11] Na opinião de Daniel Gros e Niels Thygesen, os governadores nacionais poderão sustentar, "com base no princípio de subsidiariedade, que podem executar a política pelo menos tão eficientemente como um centro operacional novo e não experimentado no BCE" ("European Monetary Integration from the European Monetary System to Economic and Monetary Union", Pearson Education, Harlow, 1998, p. 470).

[12] Mesmo no contexto do projecto, assaz centralizador, elaborado em 1988 por um grupo de peritos, considerou-se preferível confiar a emissão aos institutos de emissão nacionais a criar um regime de emissão directa pelo Banco Central Europeu (artigo 4.º dos "Estatutos do Banco Central Europeu", in "Vers un Système Européen de Banques Centrales", Bruxelas, 1989).

9. Pode mesmo dizer-se que os bancos centrais nacionais são, dentro do contexto da união monetária, os emitentes **naturais** [13].

Na verdade, as notas são postas em circulação mediante operações que os bancos emitentes fazem com os estabelecimentos de crédito. Ora, o Banco Central Europeu não se encontra estruturado com vista à realização de operações desse tipo. Os Estatutos prevêem a possibilidade de o BCE abrir contas em nome de instituições de crédito e outros intervenientes no mercado (artigo 18.º, n.º 1), mas é junto dos respectivos bancos centrais nacionais que os bancos comerciais continuam a manter as suas contas.

Parece mais conforme com o princípio de descentralização que inspira o Euro-sistema, e melhor ajustado à estrutura e às capacidades relativas do Banco Central Europeu e dos bancos centrais nacionais, que aquele – mais distante dos operadores dos mercados monetários e financeiros, menos dimensionado em termos de pessoal – se reserve as funções no plano da política monetária, incluindo o exercício do poder de autorização das emissões, e que os últimos, dotados de muito mais folgados quadros de pessoal e actuando junto dos mercados, exerçam a função emissora.

10. Durante o triénio que medeia entre a consagração do euro como moeda genuína, embora circulando apenas com expressão escritural, e o lançamento das notas e moedas metálicas de euros, a emissão de notas, com as designações e características de cada país, continua a cargo dos bancos centrais nacionais. Essas notas, visto estarem irrevogavelmente consolidadas as taxas de conversão, já são, em última análise, notas de euros, embora ainda portadoras das designações e das referências nacionais. Mas ninguém, que se saiba, tem questionado a capacidade de emissão dos BCNs ou considerado inseguro o respectivo exercício.

Estando admitido que no decurso do período de transição, o qual será rematado por uma fase de dupla circulação, durando, no máximo, dois meses, os BCNs tenham competência para emitir notas, ainda corres-

[13] O regime de emissão directa pelo orgão central seria porventura o mais adequado caso triunfasse a concepção que, não considerando as notas como responsabilidades da entidade emitente, torna dispensável qualquer cobertura. De certo modo, foi esta fórmula a adoptada na configuração dos direitos de saque especiais. Tal não é, porém, o sistema seguido nos Estatutos do SEBC, nos quais, mais convencionalmente, se pressupõe que as emissões de notas em euros têm contrapartida em activos, por seu turno geradores da senhoriagem.

pondentes às especificações nacionais, é em relação às (futuras) notas em euros que se abre um leque de possibilidades, cabendo ao Conselho do BCE optar entre a emissão só pelos BCNs, a emissão só pelo BCE e a emissão simultaneamente por este e por aqueles.

Caso o Banco Central Europeu, findo o período transitório, harmonizadas as características das notas em euros, se arvorasse em emissor único no quadro do Euro-sistema, as notas passariam logicamente a constar do seu balanço, bem como os valores activos de contrapartida. Tal solução, eminentemente centralizadora, depararia com a dificuldade, já referida, de as instituições de crédito não seguirem a prática de movimentarem contas directas junto do próprio BCE.

Tudo parece, assim, apontar para a hipótese de os bancos centrais nacionais **também** virem a actuar como emitentes (eventualmente, únicos emitentes). A experiência na emissão dos activos monetários, a rede de contactos com os bancos comerciais e os demais intermediários financeiros, a marca de descentralização do Euro-sistema convergem nesse sentido.

11. A própria expressão "autorizar" ("o Conselho do BCE tem o direito exclusivo de autorizar a emissão de notas de banco") parece ter fundamentalmente em vista a acção emissora dos bancos centrais nacionais. É que só podem ser emitentes, como o próprio preceito refere, o BCE e os bancos centrais nacionais. Ora, uma "autorização" é um "poder que se recebe para fazer alguma coisa"; supõe duas pessoas, aquela que autoriza ("o autorizador"), e aquela que obtém a permissão (o "autorizado"). Admita-se que não faz muito sentido falar de **autorização** para a emissão, concedida pelo Conselho do BCE, quando o autorizado seja o próprio BCE...

O já referido preceito do n.º 1 do artigo 106.º do Tratado da Comunidade Europeia é inequívoco ao considerar a possibilidade de os bancos centrais nacionais emitirem notas de banco. Além de determinarem que essas entidades as "podem emitir", faz referência, a propósito da atribuição do curso legal, às "notas de banco **emitidas** pelo BCE e pelos bancos centrais nacionais".

Na lógica do exercício da função emissora virá, naturalmente, a inscrição do valor das notas, e dos activos de contrapartida, no balanço das entidades emitentes.

12. Também no sistema legal português (aquele, de entre os sistemas dos Estados membros, com que naturalmente estamos familiarizados), não se nos depara qualquer obstáculo a que o banco central (Banco de Portugal) venha a ser emitente de notas em euros.

A celebração do Tratado da Comunidade Europeia, em 1992, tornou indispensável a alteração da caracterização constitucional das funções do banco central português. Aquele Tratado previa a passagem à moeda única e a concomitante centralização da política monetária e da autorização da emissão no Banco Central Europeu, ao mesmo tempo que definia a situação de independência quer do BCE, quer dos BCNs.

O regime monetário europeu assim caracterizado era incompatível com o reconhecimento constitucional ao Banco de Portugal do exclusivo da emissão de moeda, e bem assim com a subordinação desta instituição às directivas do Governo. Assim, a revisão de 1992 veio suprimir as referências a estes dois aspectos; e a de 1997, procurando adequar melhor a acção do Banco de Portugal ao novo quadro em que passa a inserir-se, e sem descrever as funções do Banco, limitou-se a declarar que as exerce "nos termos da lei e das normas internacionais a que o Estado português se vincula" (art. 102.º da versão actual da Constituição). Esta remissão para normas internacionais ("maxime" para as normas de direito comunitário) evidencia a inexistência de disposição específica no ordenamento português que fizesse impedimento a que o Banco de Portugal pudesse vir a actuar como emitente legal de notas em euros.

O artigo 6.º da Lei Orgânica do Banco de Portugal (Lei n.º 5/98, de 31 de Janeiro), em alusão expressa ao artigo 105.º do Tratado da Comunidade Europeia (hoje, artigo 106.º), determina que o Banco de Portugal "emite notas com curso legal e poder liberatório". Em norma transitória (artigo 65.º), a Lei Orgânica declarou em vigor os artigos 6.º a 9.º da versão dessa lei de 1990 (nos quais se reconhecia ainda o exclusivo de emissão), ressalvando a competência do BCE para autorizar a emissão; mas aquela norma visa apenas o período compreendido entre o ingresso de Portugal no Euro-sistema e o fim da circulação da notas em escudos.

13. Consideremos o que se estabelece no artigo 32.º dos Estatutos do SEBC e do BCE sobre a distribuição dos proveitos monetários dos bancos centrais.

O n.º 2 desse artigo refere os activos detidos pelos bancos centrais nacionais "em contrapartida das notas em circulação e das responsabilidades decorrentes dos depósitos constituídos pelas instituições de crédito". Esta disposição, não raro ignorada em análises que conduzem a uma perspectiva centralizadora da emissão, não só corrobora o que ficou dito sobre a possibilidade de os bancos centrais nacionais poderem emitir notas de banco em euros (é da emissão que resultam os activos geradores dos proveitos monetários), como comprova a possibilidade de as notas em circulação constarem dos balanços dos bancos centrais nacionais emitentes.

Decorrendo os proveitos monetários dos activos detidos em contrapartida das notas, terão esses activos de estar inscritos no balanço da instituição em que são gerados os proveitos – acompanhados, logicamente, do lado passivo, pela contabilização das notas e responsabilidades por depósitos.

Constituindo os proveitos monetários uma versão moderna da "senhoriagem" (aqui encarada como consequência normal da acção emissora, desligada da figura do imposto de inflação), os problemas que se põem em relação a tais proveitos são o da determinação dos activos a identificar em contrapartida da emissão e o da distribuição. Os estatutos do SEBC deixam a primeira questão para uma orientação do Conselho do BCE, prevendo a possibilidade de aplicação de um método alternativo durante determinado período; e consagram um sistema de repartição dos proveitos monetários dos bancos centrais nacionais, em que a mesma se faz na proporção das respectivas participações no capital do BCE.

14. Para além do artigo 16.º, epigrafado "Notas de banco", que se limita a reproduzir a disposição do artigo 106.º do Tratado CE, com excepção da parte relativa à emissão de moeda metálica, a qual está fora das atribuições do SEBC, o artigo relativo aos proveitos monetários dos bancos centrais nacionais (artigo 32.º) ocupa-se, assim, da distribuição da senhoriagem atinente à emissão de notas. Resultando da emissão, e também da constituição de responsabilidades por depósitos constituídos pelas instituições de crédito (deduzidos, neste último caso, os juros pagos sobre essa responsabilidades), a formação de proveitos monetários – considerados como proveitos monetários de cada banco central nacional –, o total dos proveitos será repartido entre os BCNs segundo o critério atrás referido.

A identificação dos activos que servem de contrapartida aos passivos monetários influi, naturalmente, no cálculo dos proveitos a transferir ao BCE, mas não já no montante que cada BCN obtém na redistribuição efectuada pela entidade central do sistema. Embora tendencialmente a base monetária tenha relação com o volume da população e o produto interno bruto de cada país, não deixam de suscitar-se desigualdades na aplicação do critério de redistribuição assente nas participações do capital do BCE, no qual são precisamente aqueles dois os factores determinantes.

15. Estando os proveitos monetários ligados à emissão e circulação das notas de banco, no quadro do exercício das funções do SEBC relativas à política monetária, e operando o BCE a nível de compensação e redistribuição dos mesmos proveitos, a emissão de notas por parte dos bancos centrais nacionais é configurada como uma operação corrente, dando lugar, nos balanços dos BCNs, à inscrição e detenção dos activos detidos em contra partida das notas, dos quais dimanam os referidos proveitos. O n.º 4 do artigo 32.º refere a possibilidade de indemnização pelo Conselho do BCE por custos resultantes para os BCNs da **emissão** de notas de banco.

Quando se estabelece que o Conselho do BCE, caso conclua que a estrutura das contas dos bancos centrais nacionais poderá não permitir o cálculo dos rendimentos das contrapartidas de criação de moeda, poderá optar por um método alternativo (art. 32, n.º 3 dos Estatutos), está-se implicitamente a reconhecer que é nas contas daqueles bancos centrais, ou seja, nos respectivos balanços, que é feita a inscrição dos valores e responsabilidades atinentes à emissão e circulação.

16. Em sentido contrário à tese, que nos afigura correcta, de que não existe impedimento legal a que os bancos centrais nacionais emitam notas de euros e reflictam essa emissão nos respectivos balanços, poderia argumentar-se com a uniformidade da concepção ("design") daquelas notas, e a circunstância de unicamente conterem a menção do BCE e a assinatura do Presidente do Conselho deste Banco – daqui resultando formar-se no público a expectativa de que tais notas constituem responsabilidades do próprio Banco Central Europeu. E essa expectativa estaria associada a um aspecto de credibilização e confiança, que resultariam defraudadas se a emissão estivesse radicada em cada um dos bancos centrais nacionais.

Ora, esta invocação da "aparência" não é convincente. Por um lado, se não figurará nas notas a assinatura do responsável do banco emitente, poderá incluir-se nelas uma letra assinalando a origem nacional. Mesmo que tal letra só seja detectável por um observador qualificado, não deixará de marcar a diferença nacional.

Por outro lado, não se vê que credibilidade suplementar teriam as notas por serem emitidas em regime de exclusividade pelo BCE. É que, de todo o modo, o Conselho do Banco Central Europeu será sempre o autorizador da emissão de notas, pelo que as emissões feitas, mesmo quando emanarem dos bancos centrais nacionais, não podem deixar de estar subordinadas à formulação da política monetária por parte daquele orgão. Depois, parece facilmente esquecer-se que os BCNs fazem parte do conjunto orgânico do Euro-sistema e participam (até maioritariamente, quando encarados no seu conjunto) no próprio Conselho do Banco Central Europeu. Cabe ainda apontar que não só para efeitos de análise, mas também para efeitos de gestão, foi determinada a elaboração de um "balanço consolidado do SEBC", no qual expressamente se incluem "os activos e as responsabilidades, abrangidos pelo SEBC, dos bancos centrais nacionais"(art. 26.º, n.º 3 dos Estatutos) – e entre as responsabilidades não podem deixar de figurar as correspondentes às notas resultantes da função emissora dos BCNs, tal como entre os activos não podem deixar de indicar-se as contrapartidas da emissão, geradoras dos proveitos monetários.

17. Importa, aliás, reflectir sobre se as notas de banco ainda se podem considerar, hoje, verdadeiras responsabilidades da instituição emitente. Isto quer em relação às notas nacionais ainda emitidas pelos respectivos bancos centrais, quer quanto às resultantes das (futuras) emissões na moeda comum.

Da concepção da nota de banco como promissória, habilitando o respectivo detentor à sua troca por activos dotados de valor **intrínseco**, evoluiu-se para a perspectiva moderna, em que o valor da nota decorre da sua capacidade de aquisição de bens e serviços e de pagamento de dívidas.

Acresce que a importância relativa das notas de banco tem declinado (não nos referimos já à moeda metálica, hoje confinada à sua função subsidiária), pois se assiste ao "crowding out" da moeda de papel pelos novos meios de pagamento, com realce para os cartões de crédito e débito e para as transferências por processos electrónicos. De pouco servirá concentrar esforços na garantia de credibilidade da nota, se não se tiver em vista o controlo monetário do conjunto dos meios de pagamento – numa evolução em que a moeda de papel vai inexoravelmente declinando em face da progressão imparável dos dispositivos imateriais.

É neste contexto que tem de reflectir-se sobre a relatividade do problema da confiança nas notas de euro.

18. Quer as emissões fiquem exclusivamente a cargo do BCE, quer dimanem dos bancos centrais nacionais, sempre o "domínio" da emissão pertence ao Conselho do Banco Central Europeu – só a este cabendo autorizar a emissão de notas no Euro-sistema. E esta centralização do poder de permitir a emissão confere à modalidade descentralizada da emissão – aquela em que intervêm os bancos centrais nacionais – o mesmo teor de credibilidade de que beneficia a modalidade centralizadora.

Acresce que a colocação das notas junto do público terá sempre como contrapartida a inscrição, no balanço (dos bancos centrais nacionais ou do Banco Central Europeu, consoante o caso), dos correspondentes valores activos, a partir dos quais se formam os proveitos monetários – todos estes elementos entrando para a elaboração do balanço global do sistema.

O argumento de que a identidade da aparência das notas (aliás, com a ressalva da possível aposição da letra identificadora da origem nacional) poderia acarretar riscos de desconfiança por parte do público, caso a emissão fosse realizada pelos bancos centrais nacionais, carece, pois, de fundamento.

19. Estando a possibilidade de exercício, por parte dos BCNs, da função emissora consagrada no próprio Tratado da Comunidade Europeia, e retomada nos Estatutos do SEBC, contidos em protocolo de idêntico valor jurídico, e tendo a fixação das características das notas decorrido de simples decisão do Banco Central Europeu, não se compreenderia que a uniformidade no "design" das notas pudesse ser tida como obstáculo à modalidade descentralizada de emissão. Mesmo que àquela decisão fosse reconhecido carácter normativo, é evidente que a preeminência cabe, na hierarquia das normas do ordenamento comunitário, às disposições do Tratado.

A opção pela ausência de sinais distintivos não implicou qualquer opção pela exclusividade do Banco Central como emitente. O facto de as notas em euros, presentemente em curso de fabrico (mais uma tarefa em que é decisiva a acção dos BCNs) virem a ter características comuns não reduz a possibilidade de aos bancos centrais nacionais ser confiada a emissão.

20. Chegou a admitir-se que a configuração das notas integrasse elementos ou símbolos nacionais, como aconteceria com as notas "double face". Tal solução foi, porém, afastada, possivelmente por se ter receado que a circulação de notas de aparência muito diversa constituísse um factor de confusão entre o público e aumentasse os riscos de falsificações bem sucedidas.

A decisão de Julho de 1998 sobre as denominações e especificações das notas de banco em euros estabeleceu que no seu "design" se incluiria o símbolo da União Europeia, o nome da moeda nos alfabetos romano e grego, as iniciais do Banco Central Europeu, de acordo com as várias línguas oficiais, e a assinatura do Presidente do BCE.

Diferentemente das moedas metálicas em euros, cuja emissão cabe aos Estados membros, em que existe um lado europeu (comum) e um lado nacional específico do Estado emitente, foi adoptado pelo Conselho do BCE, em relação às notas, um "design" europeu uniforme, apenas com a excepção da possibilidade de inserção, no código impresso específico de cada nota, de letra permitindo reconhecer o BCN emitente: embora por forma muito atenuada, haveria uma característica nacional identificadora.

21. Não se vê por que razão o "design" (tendencialmente) uniforme das notas faria surgir no público uma expectativa de que o BCE fosse o emitente legal das notas em euros, e que, se assim não acontecesse, estariam ameaçadas as bases de confiança no sistema.

Para o público – especificamente, para aquela parcela restrita do público que ainda hoje se preocupa com as coberturas da circulação –, o que conta é a certeza de que no banco central nacional emitente são contabilizados os activos de cobertura que constituem a contrapartida da emissão, de que as emissões em euros são condicionadas à autorização do orgão supremo do BCE, e de que a emissão, mesmo em sistema descentralizado, não deixará de reflectir-se no balanço consolidado do SEBC. Afigura-se-nos que estes elementos são mais do que suficientes para assegurar a credibilidade das notas emitidas, credibilidade que não se mostra frustrada por existir (quase) uniformidade na aparência física das notas em euros.

22. Em síntese:

As normas comunitárias em vigor consagram a possibilidade de os bancos centrais nacionais emitirem notas de banco em euros com curso legal na Comunidade –, concretamente, no território dos Estados membros que tenham acedido à terceira fase da união económica e monetária.

O regime jurídico relativo aos proveitos monetários mostra que as notas emitidas pelos bancos centrais nacionais, bem como as correspondentes contrapartidas em valores activos, são inscritas nos respectivos balanços.

A circunstância de se ter decidido que as notas em euros terão apresentação uniforme, não contendo por forma clara a identificação dos bancos centrais nacionais emitentes, não é impeditiva da prática do regime de emissão descentralizada. Aquela apresentação uniforme não envolve riscos de perda de confiança nos casos de a emissão de notas em euros dimanar dos bancos centrais nacionais, pois não só, nos balanços destes, se identificam as contrapartidas das notas emitidas, como as emissões dependem da outorga de autorização por parte do Conselho do Banco Central Europeu e se processa a agregação dos balanços dos BCNs no balanço consolidado do Sistema Europeu de Bancos Centrais.

Aliás, a capacidade de actuação dos bancos centrais nacionais no campo da emissão de notas em euros está em conformidade com o modelo de descentralização que inspira o Euro-sistema.

DA MOEDA ÚNICA EM DIANTE: AS VISÕES A LONGO PRAZO DA INTEGRAÇÃO (*)

Com a moeda única, atingiu-se um patamar completamente novo no processo de integração europeia. Até aqui, a abdicação de poderes soberanos era real mas limitada: quando os Estados decidem abolir os entraves aduaneiros e contingentários e formar um mercado sem barreiras, ou quando harmonizam legislações nacionais para criar as condições de funcionamento desse mercado, não estão a fazer sacrifícios demasiado vincados de competências soberanas. Nestes aspectos, está em causa aquilo que se chama a "integração negativa", a integração que se processa por supressão de obstáculos ao estabelecimento de um grande mercado; e isto não contende com o cerne da soberania. Mas, quando os Estados decidem suprimir as moedas nacionais, criar uma moeda comunitária e entregar por inteiro a sua gestão a uma entidade supranacional ou federal, estão a tocar no âmago da soberania.

Quando se previu a formação da união económica e monetária, discutiu-se se ela implicaria só por si, a supressão da qualidade de Estados – da "estatalidade", se quisermos entrar por neologismos –, em termos de os Estados membros perderem os atributos essenciais dos Estados soberanos. Este assunto foi debatido na Câmara dos Lordes, em Inglaterra, a propósito do projecto de Maastricht, tendo-se então concluído que a perda da soberania monetária ainda não acarretava a supressão da qualidade de Estados, porque atributos soberanos ainda mais vitais, os relativos à política externa e à defesa, permaneciam nas mãos destes, e só quando tais atributos soberanos fossem transferidos é que a "estatalidade" desapareceria.

Se a política externa for totalmente unificada, com base em entidades federais que passem a regê-la, desaparecerá a qualidade soberana dos

(*) Conferência proferida no âmbito do ciclo sobre Direito Comunitário e Direito da Integração, promovido pelo Instituto Europeu da Faculdade de Direito de Lisboa, em Julho de 2001.

Estados na vida internacional. A união monetária representou um golpe profundo nas soberanias, mas não um golpe decisivo. Basta lembrar exemplos do passado. Exemplos como o da união que existiu, durante muitos anos, entre a Bélgica e o Luxemburgo, e que levou a que as moedas na prática se confundissem. Ainda havia moedas com a referência luxemburguesa, mas na verdade tudo se reconduzia à acção emissora do Banco da Bélgica. Também houve, durante muitos anos, uma união de facto de um para um entre a libra esterlina e a libra irlandesa. E a libra esterlina, pouco antes da formação da união monetária, ainda tinha poder liberatório no interior do território da República da Irlanda. E, todavia, quer o Luxemburgo, quer a Irlanda, eram a todos os títulos considerados como Estados soberanos na ordem internacional. Isto dá uma certa tranquilidade aos que temiam que a união monetária fundisse os alicerces da soberania, em termos radicais.

O euro é o descendente directo, também na relação de um para um, do anterior ecu – unidade de conta do Sistema Monetário Europeu – convertido em moeda genuína ("moeda de pleno direito"), com a nova designação, a partir do início de 1999.

Na actual união económica e monetária existe um lado frouxo, o lado económico, e um lado forte, com características federais, o lado monetário. Se houvesse orgãos de soberania na União Europeia, o Banco Central Europeu seria sem dúvida um deles, tal o poder que lhe foi conferido no tocante à regulação da moeda e à política monetária e, em certa medida, à política cambial, sem subordinação a qualquer outra instituição. Dos domínios tradicionalmente ligados ao cerne da soberania, o da moeda foi objecto de cedência aos orgãos supranacionais, mas a diplomacia e a defesa mantêm-se até hoje nas mãos dos Estados. E mesmo quando os Estados se associam nestes últimos campos, fazem-no segundo uma metodologia intergovernamental.

Com Maastricht, foi dado um passo decisivo na integração, marcando a irreversibilidade do processo. É difícil formar a moeda única, suprimir as moedas nacionais, e depois voltar atrás. Houve casos em que determinados países saídos da órbita soviética abandonaram o rublo e restabeleceram moedas nacionais, mas foi a situação excepcional de aluimento do sistema político e económico do país-centro que possibilitou essas mudanças. Não é de prever, nem de desejar, que isto venha a acontecer na União Europeia. Aqui, com a consagração da moeda única, ter-se-á atingido um patamar de irreversibilidade, tornando dificilmente praticável um retrocesso para as fórmulas nacionais.

Apesar de tudo, é sabido que a União Europeia não é um Estado federal, é uma associação de Estados dispostos a cooperar entre si com vista à realização de certos objectivos, tal cooperação assumindo, sob determinados aspectos, traços federais. Mas o federal não abrange todo o campo de acção da União Europeia. Basta atentar no segundo e no terceiro pilares de Maastricht, enquadrados num regime essencialmente intergovernamental, para se concluir que não há uma expressão federal para o todo.

Alguns dizem, considerando esta hibridez do conjunto, e com o risco de incorrerem numa "contradictio in terminis", que se está perante um fenómeno de "federalismo intergovernamental".

A união económica surge ligada a aspectos de colaboração intergovernamental, envolve coordenações relativamente frouxas de políticas económicas, sem nela existir um princípio director a nível central, pois os Estados ainda têm a palavra decisiva neste domínio – estando aqui envolvidas as principais políticas económicas menos a monetária, a qual passou a ser objecto da unificação estabelecida a nível da vertente união monetária. E, mesmo nessa vertente, que apresenta características essencialmente federais, o grau de centralização não é tão intenso como poderia parecer à primeira vista.

Os regimes do Bundesbank (Banco Central da Alemanha) e da Reserva Federal dos Estados Unidos foram os inspiradores do modelo europeu de banco central. Ora, aqueles são mais centralizados do que o que se estabeleceu na Europa comunitária. Poderia ter-se ido aqui a um ponto extremo, que seria a supressão dos bancos centrais nacionais, concentrando-se no BCE a totalidade das funções de banco central. Mas esta opção não foi seguida. Os bancos centrais nacionais sobreviveram, agora independentes dos Governos dos respectivos Estados, mas, no plano da emissão de moeda e da política monetária, em subordinação às decisões do Banco Central Europeu. Teria sido, aliás, difícil suprimir aqueles bancos, até pela importância dos respectivos efectivos de pessoal. O total do pessoal dos bancos centrais nacionais da zona do euro não anda longe das seis dezenas de milhar, ao passo que o do BCE não excede algumas centenas de funcionários.

No traçado do sistema da união monetária não deixou de se reflectir o princípio da subsidiariedade, na medida em que o controlo prudencial das instituições de crédito ficou a ser detido pelos bancos centrais nacionais. No tocante à política monetária, como não podia deixar de ser, os poderes foram concentrados no BCE, mas com amplo grau de descentralização na execução das tarefas confiadas ao sistema. Assim, os bancos centrais nacionais terão papel de relevo nos processos de emissão. Os bancos comerciais podem abrir contas no BCE, mas, de uma maneira geral, continuaram a movimentar as que mantêm junto dos bancos centrais nacionais da respectiva área.

Enquanto no orgão correspondente da Reserva Federal americana estão em maioria os representantes do poder central, no caso europeu dá-se o inverso. Há hoje no Conselho do BCE doze governadores de bancos centrais nacionais e apenas seis membros da Comissão Executiva, que exprime a índole supranacional da construção. Não é de esperar que os governadores dos BCN se unam sistematicamente nas votações, mas não está excluído que venham a assumir, em certas circunstâncias, uma posição comum, prevalecendo em tal caso sobre a votação dos membros de mais directa vocação supranacional.

Existindo um regime federal estabelecido para a política monetária, mas não já para a política orçamental, podem antever-se sérias dificuldades para a UEM, se a união monetária continuar a ser um píncaro isolado, a sobressair da uniformidade do planalto representado pela união económica. Para superar aquelas dificuldades, haveria que estender a modalidade mais exigente de integração a sectores presentemente por ela não abrangidos, instituindo um orçamento de apreciáveis dimensões a nível da União Europeia. Seriam assim criados instrumentos de federalismo financeiro e fiscal, neste momento inexistentes, e que nem mesmo se encontram previstos nos textos de base da União.

Observando a evolução da integração europeia desde que se formou a Comunidade do Carvão e do Aço, nota-se que o processo registou uma linha de tendência ascendente, pesem embora alguns reveses, ou algumas paragens, a marcar momentos de dúvida ou de cepticismo. Pontos altos foram a instituição da Comunidade Económica Europeia, a aprovação do primeiro plano de união económica e monetária, que marcou um significativo impulso não obstante não ter chegado a concretizar-se, o lançamento do Sistema Monetário Europeu, a criação do mercado interno na sequência do Acto Único Europeu, e o anúncio, a partir de Maastricht, da realização da versão actual da união económica e monetária. A presente fase do processo de formação da união monetária, com a duração de três anos, abriu com a introdução do euro, em princípios de 1999, como moeda comum dentro dos limites geográficos da zona, ainda em regime de moeda escritural, sendo as moedas nacionais admitidas a título temporário e funcionando como simples submúltiplos não decimais do próprio euro. No princípio de 2001 o euro passará a existir fisicamente, processando-se a circulação de notas e moedas metálicas em euros, a coexistirem, durante dois meses, no máximo, como as circulações nacionais. A partir de 1 de Março de 2002 desaparecerão estas circulações nacionais, tornando-se o euro a única moeda com curso legal no território da Comunidade que corresponde à união monetária. As unidades monetárias nacionais franquearão os umbrais da História.

É de notar que todas as realizações que correspondem a pontos altos na integração são de índole económica, sendo a última a criação da união económica e monetária; só que esta tem também um forte cariz político, já que, na base do processo bem conhecido de "spill over", poderá desencadear-se uma evolução para soluções de união política, por ora não aceites por grande parte dos Estados membros.

A base jurídica de toda a construção continua a residir nos Tratados comunitários e no Tratado compósito que institui a União Europeia, e nos acordos que o completaram. A partir de Maastricht registou-se o desdobramento dos tratados (os comunitários e os que reflectem o impulso dado à União Europeia).

Estamos longe ainda de um verdadeiro processo constitucional. O Tribunal de Justiça das Comunidades Europeias, sempre avançado na assunção de visões federalistas – afinal, a primeira marca federal profunda na evolução europeia foi a consagração da supremacia da ordem comunitária, com base em doutrina dimanada daquela instituição, nos já distantes anos 60 –, veio a qualificar o Tratado como a "carta constitucional de base" da Comunidade. Em certa medida, existe algo comparável substantivamente a uma "constituição comunitária", ou da União Europeia, mas mantem-se a forma de tratado internacional. Os tratados europeus – Paris, Roma, Maastricht, Amesterdão, Nice – fizeram evoluir a integração, mas a origem convencional não se alterou.

O traço vital continua a ser a exigência da aprovação unânime dos Estados membros, por via de ratificações nacionais, para que entrem em vigor as alterações dos Tratados. Nesta matéria, regulada agora no artigo 48º do Tratado da União Europeia, o Parlamento Europeu não conseguiu até hoje que fosse consagrado o procedimento de parecer favorável. No regime de revisão é suficiente o parecer consultivo desse orgão, o que tolhe a sua aspiração a desempenhar um papel efectivo no processo de revisão dos Tratados. Neste processo, em que há não só elementos comunitários como elementos internacionalistas, ligados à exigência de ratificação formal dos Tratados, é aos últimos que cabe a palavra decisiva.

A ratificação dos Tratados europeus tem sido feita, em regra, por via parlamentar, sem que se produzam surpresas; mas certos Estados recorreram ao referendo, e aqui houve tropeções na prossecução da construção europeia. O último ainda não foi superado: é muito recente, pois respeita a Nice. O Tratado de Nice foi objecto de um processo de ratificação referendária no caso da Irlanda, e com geral surpresa, este país pronunciou-se pela rejeição. Decerto se procurará engendrar soluções mais ou menos habilidosas para convencer a Irlanda a rever a sua posição, como aconteceu no passado com Maastricht, no tocante à Dinamarca. Mas tudo isto revela um mal-estar que tende a vir ao de cima quando a opinião pública é sondada, ou quando ao eleitorado é dada a oportunidade de se fazer ouvir através de processos de ratificação por referendo.

Os parceiros da Irlanda na União Europeia aparentemente nem pestanejaram perante a negativa do eleitorado desse país, a qual, todavia, teoricamente, bastaria para derrubar o Tratado de Nice. Apoiados nas dóceis ratificações parlamentares que se vão acumulando, fazem ressaltar a singularidade da posição irlandesa, confiando em que se opere a inversão do juízo da opinião pública daquele país. É difícil determinar os factores que estão por detrás daquele mal estar. Talvez influa, em parte, o receio de países pequenos de que com a intensificação da integração o seu poder relativo se torne tão diminuto que corram o risco de perder a qualidade estatal. Haverá também razões específicas, como, no caso irlandês, a relutância em participar em esquemas de defesa, pouco compatíveis com a neutralidade do país. Quando o Tratado de Maastricht estava para ser objecto de ratificação referendária em França, em 1992, a opinião envolveu-se em ásperas discussões, em certos momentos parecendo que o **não** iria ultrapassar o **sim**. Acabou por haver um resultado tangencial em sentido positivo – o bastante para salvar o programa de Maastricht. Já antes disso a Dinamarca se pronunciara pela rejeição (referendo de Junho de 1992), para, meses depois, satisfazendo-se com um feixe de declarações e decisões que lhe davam a aparência de recuperar alguns poderes nacionais, vir a inverter a posição através de novo referendo.

A União Europeia é um misto de elementos federais ou supranacionais e elementos confederais ou intergovernamentais. Os elementos federais comportam a consagração, que vem dos distantes anos 60, da primazia do Direito comunitário, e, em outro plano, a progressiva ascensão do Parlamento Europeu. Ao longo dos tempos, em particular desde Maastricht, vem-se apurando um crescendo do poder de intervenção no processo legislativo, com realce para o procedimento da co-decisão, que nasceu em Maastricht e foi depois alargado através de Amesterdão e de Nice, e que marca a entrada daquela instituição no campo das decisões de criação legislativa. Não é que disponha já de um poder análogo ao do Conselho, mas o certo é que, nos casos em que especificamente se consagra a co-decisão, o Parlamento pode impedir a formação de actos propostos pelo Conselho. Outro aspecto de expansão dos factores supranacionais decorre da evolução do sistema de votação no Conselho. Vão-se reduzindo os casos em que este orgão vota por unanimidade, e ampliando aqueles em que delibera por maioria qualificada. Esta tendência acentuou-se com Amesterdão, e ainda com Nice. A união monetária, realidade federal, foi implantada na União Europeia, a par do estabelecimento de regras vinculativas em matéria orçamental, com referência à disciplina dos défices orçamentais excessivos. Depois, os Tratados desenvolveram um conceito de cidadania da União, por enquanto com limitada substância, mas com evidente potencial evolutivo. No esquema de Maastricht foi consagrada a possibilidade de aplicação de sanções contra os Estados membros: o Estado membro cujo incumprimento tenha sido declarado pelo Tribunal de Justiça e que não corrija a sua acção pode ser objecto de sanções, decretadas pelo Tribunal, a pedido da Comissão. Já conhecemos um caso em que este mecanismo operou, e terminou com a condenação da Grécia a propósito da violação de uma directiva de política ambiental. Por último, observa-se uma tendência para comunitarizar (parcelarmente) alguns aspectos dos pilares extra-comunitários, fazendo-os absorver no primeiro pilar (comunitário). Até agora, o segundo pilar, relativo à política externa e de segurança comum, de longe o de maior delicadeza política, não foi tocado, mas já o terceiro sofreu amputação de uma parte das matérias, que foi deslocada para o interior do Tratado de Roma.

Mas, em contraste com estes traços, que parecem impelir no sentido da federação, mantem-se toda uma série de elementos confederais, internacionalistas ou intergovernamentais. Para começar, o próprio regime dos pilares extra-comunitários. Depois, ao Conselho Europeu é conferido o papel impulsor – e esse orgão é formado basicamente pelos Chefes de Estado ou de Governo. No plano do Conselho, permanece o voto unânime em matérias essenciais, que é o caso da fiscalidade e da política social, que alguns tentaram, sem êxito, trazer para o âmbito da maioria qualificada em Nice.

Aspecto fulcral é o regime do artigo 48º do Tratado da União Europeia, que não sofreu evolução em relação aos preceitos que antes regulavam a matéria em cada um dos Tratados comunitários: exige-se a ratificação por todos os Estados-membros para que as alterações do Tratado possam entrar em vigor. É nesta base que se diz, por vezes, que os Estados ainda são os "senhores dos Tratados", porque dependem de todos (e de cada um) as modificações destes. Esta é uma questão muito discutida, porque é já de tal maneira densa a teia de compromissos no âmbito da integração europeia que começa a ser duvidoso que os Estados possam continuar a arrogar-se a condição de "maîtres des traités"...

Apesar de tudo, a predominância dos elementos internacionalistas do processo de revisão tem-se mantido imodificada.

Um último aspecto revela-se pela negativa. Trata-se da inexistência de elementos de federalismo fiscal e orçamental. Falámos deles quando observámos que poderão ser introduzidos no futuro a partir dos impulsos da moeda única. Hoje a União Europeia não possui um orçamento comum com características federais.

Em síntese, se a União Europeia ainda não é, no seu todo, uma estrutura federal, encontra-se em processo de progressiva federalização, já que se vão acentuando os elementos de cariz supranacional ao abrigo das sucessivas revisões dos Tratados. A moeda única reflecte uma via federal, bem nítida na configuração do quadro institucional que a rodeia. Uma parte significativa dos poderes nacionais foi transferida para o novo ente comunitário. Alguns dizem que o poder monetário está repartido, e que a soberania monetária dos Estados continua presente, só que agora exercida em conjunto, como resulta, até, da presença dos governadores dos BCN no orgão central da união monetária. A tese do "poder partilhado" é uma forma de justificar, numa atitude de "wishful thinking", as soluções de crescente intensidade de integração que se vão verificando. A realidade é que há bem mais uma perda ou abdicação de poderes por parte dos Estados, por transferência de tais poderes para a esfera de competências de uma entidade distinta, de carácter supranacional, do que propriamente um "exercício em comum", tornado cada vez mais problemático à medida que se alarga o número de Estados membros, com a inevitável diluição da influência de cada um.

Há impulsos de um lado e do outro, subsiste o carácter híbrido da construção da União Europeia. A evolução do processo dependerá da vontade política dos Estados membros. A prevista entrada massiva dos países que desejam ser membros da União Europeia – os doze candidatos oficiais, e ainda a Turquia – modificará profundamente as estruturas da Comunidade. O Tratado de Nice, cujo processo de ratificação pelos parlamentos nacionais está em curso (havendo ainda que solucionar o problema irlandês), tem apensa uma declaração respeitante ao futuro da União, na qual se contem um apelo para se discutir, a fundo, os objectivos a longo prazo da integração.

A declaração é sóbria, não tomando partido acerca da qualificação "federal", e evitando mesmo a utilização deste termo, de forte carga emocional.

Na preparação da CIG 2004 incluem-se temas como a delimitação de esferas de competência entre a União e os Estados membros, na linha do que se passa, em regra, nas federações, com respeito pelo princípio de subsidiariedade. Um segundo tema de debate será o estatuto da Carta dos Direitos Fundamentais, que foi aprovada em Nice, sem que se tenha acordado na sua inscrição nos Tratados. Em terceiro lugar, está prevista nova simplificação dos Tratados europeus, procurando-se tornar o seu entendimento acessível ao leitor comum e aos cidadãos em geral. No Tratado de Amesterdão já se procedeu à renumeração dos Tratados, eliminando disposições caducas e supérfluas e renumerando os textos após aquela simplificação. Finalmente, a revisão do papel dos Parlamentos nacionais na arquitectura europeia: os Parlamentos nacionais, tradicionalmente zelosos do exclusivo na aprovação dos impostos, têm deixado passar, com singular passividade, toda uma série de alterações fiscais que dimanam do Conselho da Comunidade.

Os apelos à abordagem dos temas indicados dirigem-se aos círculos políticos, à comunidade universitária, aos meios económico-sociais, à opinião pública em geral.

Os promotores do federalismo sustentam a necessidade de uma constituição, não já no sentido material de conjunto de regras fundamentais da organização europeia – nessa acepção, os Tratados já têm carácter constitucional –, mas envolvendo a formalização de um diploma destinado a ser aprovado e (possivelmente) referendado pelos eleitores dos povos da Europa, chegando a preconizar para tal a realização de um referendo global, à escala da União. E chamam a atenção para a diferença entre o regime actual de associação de Estados, regida por tratados internacionais celebrados entre os seus membros, e o sistema futuro de uma federação europeia dispondo de uma constituição assumida internamente, e não já formulada a nível convencional.

Uma "constituição" europeia não tem necessariamente sentido federalista. Inserindo-se na vaga actual da constitucionalização, o conceituado semanário britânico "The Economist" associou-se há meses à ideia de uma constituição para a Europa, só que em linha oposta à federal. Na constituição europeia começaria por eliminar-se a frase "união cada vez mais estreita entre os povos da Europa", porque, dizia aquele periódico, já tanto se avançou na integração que agora o que é preciso é deslassar, ao invés de se caminhar para fórmulas ainda mais unificadoras. Advoga o reforço dos poderes de decisão política do Conselho Europeu e a criação, a par do Parlamento Europeu, este com funções mais reduzidas, de um outro órgão, o "Conselho das Nações", comportando representantes dos Parlamentos nacionais, destinado a assumir os poderes de controlo constitucional. O que se trata aqui é, no fundo, de estabelecer um novo regime para substituir os actuais Tratados europeus, mas em termos de integração mais diluída do que a resultante da própria versão actual dos Tratados.

Quanto a outros projectos, que têm estado a ser debatidos a nível político, o mais interessante é o que foi apresentado pelo Ministro dos Negócios Estrangeiros da Alemanha, Joschka Fischer, em Maio do ano passado, numa conferência em Berlim, na qual advogou a criação da federação europeia, comparando os poderes dos Estados-nações no âmbito desta ao dos Länder dentro da Alemanha, e condescendendo em admitir que os primeiros terão mais alguns poderes do que os últimos. Nesta concepção, a federação europeia é que terá a plena soberania: as matérias de política externa e defesa são confiadas à federação, passando as decisões nestes campos a ser tomadas a nível europeu. Fischer preconizava que um pequeno grupo de Estados – obviamente integrando a Alemanha e a França – formasse um "centro de gravidade", ou uma "vanguarda", para prosseguir na via da integração política, vindo a aprovar um tratado fundamental que seria o núcleo de base para formar a federação, e para estabelecer a respectiva constituição. Poderiam ser os seis fundadores, invocando-se os pergaminhos históricos, ou os 11 (agora 12 membros) da zona do euro, ou outras formações. Não explicitava que Estados acompanhariam a França e a Alemanha nessa aventura.

Recentemente, o Chanceler da República Federal veio com ideias bastante semelhantes, em documento destinado a ser apresentado para discussão no âmbito do Partido Social Democrata alemão. Nele se pretende ver transposto o modelo da presente estrutura federal da Alemanha para a futura estrutura federal da União Europeia.

O que há de estranho em propostas como estas é que se parte da condenação dos nacionalismos e se procura cercear os poderes dos Estados, para afinal se visar a criação de um Estado que absorve grande parte desses poderes em escala ampliada – com o risco de, no caso de esse super-Estado não actuar com a desejável contenção, se poderem vir a suscitar crises internacionais.

No sistema adoptado pelos políticos germânicos, a erosão da soberania dos Estados é praticamente total. O Conselho de Ministros, cujo papel actualmente é decisivo, e que reflecte o elemento intergovernamental, transforma-se na Câmara Alta do Parlamento da Federação, perdendo, naturalmente, grande parte dos poderes de que actualmente dispõe. O Parlamento Europeu assumirá o papel de Câmara dos Povos. O mais curioso é que, entrando em contradição com esta visão ambiciosamente supranacionalista, o Chanceler veio dizer que é preciso renacionalizar certas políticas. Em particular, a política agrícola deveria ser "devolvida" aos países -Schröder decerto estava pensando na pesada factura que vem impendendo sobre a Alemanha no financiamento deste sector. Não surpreende que a França, grande beneficiária da PAC, tenha reagido de imediato, defendendo que as políticas instituídas deverão ser respeitadas, não se lhes podendo tocar no futuro. Mas a reacção estendeu-se ao âmago da proposta, pela afirmação da preservação da soberania nacional francesa na construção europeia. Na perspectiva gaulesa, não é pensável que qualquer Estado europeu aceite que o Conselho seja transformado numa segunda Câmara, ou num Senado integrado no Parlamento Europeu, porque isso representaria uma inaceitável amputação dos seus poderes.

Na tese exposta pelo Presidente Chirac, cabe aos Estados, através dos seus Governos, o papel decisivo na construção europeia, devendo formar-se um "grupo pioneiro" (convergindo neste ponto com a ideia da "vanguarda" ou de "centro da gravidade" de Fischer) à volta da França e da Alemanha, para avançar no processo de integração, utilizando para tal a fórmula da cooperação reforçada, instituída pelo Tratado de Amesterdão. Há uma intenção clara de abafar a influência da Comissão – órgão de vocação supranacional, em que a França não deposita muita confiança. O projecto propõe que se constitua um Secretariado, de estrutura leve e mais docilmente sujeito à vigilância dos Estados, que chame a si os novos problemas da integração: coordenação de políticas económicas, defesa e segurança, etc..

Também Chirac defende que deve preparar-se um texto destinado a ser consagrado como a primeira Constituição europeia, após a realização dos Tratados.

Como se vê, tende a generalizar-se hoje a admissão da constituição europeia; só que, ao fazê-lo, nem todos os proponentes envolvem os mesmos ingredientes no conteúdo da sua proposta.

O Primeiro Ministro francês, embora seja líder de um partido oposto ao de Chirac, manifesta nas questões europeias a mesma rejeição firme do federalismo, declara que a França não aceita vir a ter um estatuto semelhante ao dos Länder e esclarece que a integração deverá continuar a processar-se no quadro de uma União de Estados-Nações. Nesta visão, é indispensável que se mantenha o carácter "sui generis" da construção europeia, comportando um elemento federativo e um elemento intergovernamental.

Para concluir:

Creio que a federalização vai prosseguir, mas este processo tem os seus limites. É possível que, para não deixar que a união monetária sucumba e para evitar a saída de Estados membros inconformados com a sua situação, os Governos venham a decidir introduzir elementos de federalismo fiscal e financeiro – mas apenas **um certo grau** de federalismo fiscal e financeiro. Também pode acontecer que se disponham a avançar em áreas da política externa e da defesa.

Não prevejo, porém, que, salvo o caso dos países tradicionalmente federalistas, como a Itália, a Bélgica, a Holanda e o Luxemburgo (e como parece ser agora a Alemanha), os países se disponham a aceitar fórmulas de integração supressoras da qualidade estatal.

A Grã-Bretanha e a França, tão afastadas uma da outra em outros aspectos da integração europeia, parecem unidas na posição de defesa dos poderes soberanos nacionais. E é pena que em Portugal, um dos países com mais vincada coesão nacional e com maior profundidade histórica, mas de dimensão reduzida dentro da Europa, não se tenha ainda promovido, pelo menos a nível dos orgãos políticos, uma discussão aprofundada destas questões vitais, na qual se procure determinar até que ponto poderá avançar-se sem se comprometer a essência do Estado.

Neste momento, existem três posições quanto à evolução europeia e quanto à integração. Há os euro-cépticos, que não acreditam no supranacional, pretendendo uma regressão no processo integrativo, ou, pelo menos, que não se ultrapassem as fórmulas de integração negativa; há os europeístas moderados, que aceitam muito do que se tem processado na integração, mas que se preocupam com que se evite transpor a linha de perda da "estatalidade"; e há os federalistas, que defendem a tranferência de poderes em áreas fulcrais da soberania para uma entidade central estabelecida a nível europeu, muito embora reconheçam a importância da subsidiariedade e não promovam necessariamente a fórmula federal clássica. Como vimos, o Chanceler Schröeder assume posições eurocépticas pontuais, como a defesa do recuo da política agrícola para dentro das fronteiras dos países, mas basicamente adopta uma postura federalista, na medida em que, em termos de política geral, formula um convite para a federação em sentido próprio, à escala da Europa.

O alargamento, presentemente em negociação avançada, não deixará de ser um pretexto para cooperações reforçadas. Estas em certos casos serão bem vindas; mas noutros poderão reflectir a presença de um directório das maiores potências, compreensivelmente inquietante para os países que não as acompanham, ou que são relegados para um papel de figurantes. As tão apregoadas vanguardas das iniciativas franco-alemãs não são muito estimulantes para os países a quem não convenha ou não interesse prosseguir fórmulas de cooperação reforçada. Mas como também sabem que permanecer "left out in the cold" está longe de ser a solução mais confortável, defrontar-se-ão com sérios dilemas.

Os resultados institucionais de Nice parecem apontar para aquele tipo de directório – os grandes (grupo a que a Espanha habilmente conseguiu colar-se) foram os ganhadores, quase triplicando o número de votos no Conselho (a Espanha mais do que triplicando), ao passo que os médios viram pouco mais do que duplicada a sua ponderação no total. Houve quem dissesse, perante o visível apagamento da Comissão e o alheamento a que continua votado o Parlamento Europeu nestas questões, que Nice marcou um regresso à presença dominante dos elementos estatais e da influência dos Estados, só que já não será a "Europe des Nations", como no tempo do General De Gaulle, mas agora, ironicamente, a "Europe des Grandes Nations"...

Havendo, na construção europeia legitimidades distintas, a dos povos, com expressão no Parlamento Europeu, a dos Estados, reflectida no Conselho, seria lógico que o último, à semelhança, aliás, do que se passa com as câmaras altas dos Parlamentos nacionais bicamerais, reflectisse mais de perto a igualdade dos Estados, ao mesmo tempo que se acolheria no Parlamento Europeu, como, aliás, já hoje sucede, uma repartição de forças ajustada (tendencialmente) à dimensão populacional.

O regime consagrado na versão inicial do Tratado de Roma para as decisões sobre questões importantes em que não se exija unanimidade não era, é certo, o de um voto por cada Estado; mas a ponderação estabelecida procurava assegurar uma sobrerepresentação a favor dos Estados médios e pequenos. Nice veio alterar este equilíbrio, com vantagem para os grandes, que fizeram das suas exigências a contrapartida da perda do segundo comissário (o que parece supor, aliás, a embaraçosa confissão de que os membros da Comissão representam interesses nacionais...).

Desde Maastricht, as opiniões públicas estão a revelar dificuldade em acompanhar o processo de integração. Dir-se-ia que a classe política, ao promover as revisões dos Tratados, acaba por chegar a soluções demasiado avançadas em relação ao sentimento da opinião, e daí as reacções de desconfiança ou cepticismo nos casos, que são raros, em que ao eleitorado é dada a oportunidade de uma expressão directa na aprovação daquelas revisões. Veja-se o resultado tangencial do referendo francês sobre Maastricht, a rejeição do Tratado da União Europeia no primeiro referendo dinamarquês, e a surpreendente recusa irlandesa quanto a Nice. E também, mas aqui não propriamente em relação a um tratado, a recente negação da Dinamarca quanto a entrar para a moeda única.

Por seu turno, a Suíça, que chegou a apresentar-se oficialmente como candidata, não só afastou há alguns anos, por referendo, o Tratado que instituiu o Espaço Económico Europeu, como mais recentemente se opôs, também através de referendo, a que se desde já encetassem conversações com vista à possibilidade de uma adesão futura à União Europeia.

Penso que deverá haver muito cuidado por parte dos proponentes de alterações futuras dos Tratados europeus quanto ao conteúdo dos seus projectos, porque os povos não parecem sentir-se confortáveis quanto a diversos aspectos da evolução em curso. Não se trata, como alguns aventam, de uma questão de ignorância da população acerca das realidades da integração europeia. A opinião pública está cada vez mais informada, é cada vez exigente quanto a saber o que se passa. Entre os factores de discordância, para além de específicos aspectos, que variam de país para país, poderá estar a resistência, nem sempre explícita, à perda da "estatalidade". A opinião pública, que manteve, durante muitos anos, uma atitude de alheamento ou "indiferença benévola", despertou a partir das discussões à volta dos referendos de Maastricht e deixou de poder ser ignorada. É importante que se dê a devida atenção a este novo elemento na prossecução dos debates em torno dos projectos de integração europeia.

TRÊS ANOS NA MOEDA ÚNICA (*)

Portugal enveredou , ao que parece sem que os nossos negociadores tenham procurado conseguir que fosse dada outra configuração ao modelo de união monetária que veio a ser adoptado em Maastricht, pela experiência, sem retorno, do euro.

Creio que, pelo menos sob o ponto de vista dos países periféricos, havia interesse em se ter visto adiada aquela experiência. Ao invés, os passos no sentido do euro foram louvados por políticos portugueses com surpreendentes expressões de embevecimento e, sem que tivesse sido empreendida uma análise prévia de custos e benefícios, tomou-se a decisão política de tudo fazer, sem esquecer o recurso a bem conhecidos métodos de "contabilidade criativa", para estar na primeira linha dos fundadores da união monetária.

Como se sabe, a união monetária, fortemente desejada pela França como meio de contrariar a hegemonia do marco, e aceite com reticências pela Alemanha, que impôs a assunção do seu modelo de banca central, foi concebida em termos de ser natural que, à partida, nela não viessem a participar os países membros exteriores ao núcleo duro dos iniciadores. Não se previa que estes fossem capazes de realizar os critérios de convergência exigidos, norteados por imperativos de estabilidade monetária, financeira e cambial, que não constituíam propriamente as virtudes tradicionais das respectivas economias.

Não consta que Portugal (ou qualquer dos demais países do bloco da coesão) tenha feito esforços, quando das negociações que conduziram a Maastricht, para inflectir o modelo no sentido de se contemplar a especificidade da sua condição económica, ou de se introduzirem regras mínimas de federalismo financeiro. Isto por forma que os indicadores de convergência não se limitassem, como sucedeu, às expressões dos equilíbrios monetários e financeiros, para se entrar em linha de conta também

---

(*) Artigo no "Diário de Notícias", Março de 2002.

com as variáveis reais ligadas aos factores do desenvolvimento. Também não consta que Portugal (ou qualquer daqueles países) tivesse procurado conseguir para si a opção que foi dada à Grã-Bretanha e à Dinamarca, tornando a sua entrada dependente de uma eventual decisão dos orgãos políticos nacionais. E, no entanto, eram os países periféricos aqueles que, pela heterogeneidade que revelavam em relação ao núcleo central dos Estados-membros, mais mereceriam, no plano económico, um regime de excepção.

A aceitação acrítica da estrutura da união monetária ter-se-á fundado naquilo que há muito se identifica com o complexo do "bom aluno", radicado num deslumbramento algo provinciano que faz considerar como boa qualquer proposta que nos nivele com a "Europa", independentemente do seu conteúdo.

A esta luz, a entrada para a união monetária foi vista não só como demonstração da capacidade de se estar na primeira linha de realizações da integração europeia (ou na primeira divisão dos países membros), mas também como um seguro contra crises das contas externas, como as que no passado tinham afligido o País.

Não se atentou, suficientemente, contudo, nas desvantagens do abandono da moeda própria, sintetizadas no ingresso numa solução uniformemente destinada a um amplo conjunto de países ("one-size-fits-all"), sem ajustamento às características e à específica situação de cada um, e envolvendo a renúncia à utilização dos principais instrumentos nacionais de política macro-económica. Tão pouco se ponderou que, com a entrada para a união monetária, o imperativo de realização de reformas estruturais e de melhoria da produtividade e da competitividade assume redobrada ênfase.

Ora, os constrangimentos representados, já de si, pela união monetária de Maastricht tornaram-se abafantes no contexto do "pacto de estabilidade". O tema estava esboçado no Tratado, no preceito relativo ao combate aos défices orçamentais excessivos; mas foi objecto de actuação complementar dos orgãos comunitários que, através de dois regulamentos e de uma resolução do Conselho, vieram regular em pormenor a matéria. Como não bastasse a circunstância de a união monetária implicar, em si mesma, a perda dos instrumentos nacionais de regulação monetária e cambial, o pacto veio consagrar drástica redução da liberdade de acção em termos de política orçamental, dando substância às medidas enunciadas no Tratado em face da transposição do limiar dos défices excessivos, e configurando a possibilidade de aplicação de sanções pecuniárias de elevado montante aos Estados prevaricadores. E, uma vez mais, numa linha de uniformidade simplista, não distingue as situações de países com maior ou menor desenvolvimento, nem os diferentes estados da conjuntura. Quanto a este último ponto, admite, é certo, que o incurso numa recessão possa constituir causa de justificação; mas a definição da recessão supõe um grau tão elevado de quebra da actividade económica que, na prática, esta excepção não funciona.

Constituindo a união monetária europeia uma realidade (aparentemente) irreversível, e dependendo o seu regime de normas contidas em Tratados internacionais cuja revisão requer ratificação unânime, já o pacto de estabilidade decorre de simples textos de direito comunitário derivado, mais facilmente modificáveis.

Não havendo, no entanto, por agora, sinais consistentes de uma iniciativa no sentido da flexibilização do pacto, há que viver com ele na sua configuração originária. Dos critérios de convergência inicialmente estabelecidos, o que se refere à percentagem da dívida publica em relação ao PIB foi votado a um esquecimento político. De outro modo, não teria sido possível assegurar o lugar de fundador da união monetária a países como a Itália e a Bélgica; mas, em contrapartida, conferiu-se virtualidade quase encantatória ao limiar de 3% do défice – número arbitrário, que talvez faça algum sentido em períodos de conjuntura mais ou menos normal, mas decerto não o faz em condições de abrandamento da actividade, como acontece presentemente em diversos países europeus.

Em si mesma, a situação das finanças públicas portuguesas, a ser verdade que não se ultrapassou no ano findo um défice de 2,2 por cento do produto, não seria decerto alarmante se estivéssemos fora da união monetária. Muito provavelmente as nossas principais preocupações seriam nesse caso outras, relacionadas com o endividamento exterior e o agravamento do défice da balança de pagamentos – e aqui, reconheça-se, é a pertença à zona do euro que nos dispensa de ter de adoptar um pacote de medidas do tipo das que no passado dimanaram por duas vezes dos acordos com o Fundo Monetário Internacional.

Acontece, porém, que estamos irreversivelmente dentro da união monetária e, sendo assim, temos de nos conformar com as respectivas regras. O défice orçamental português é inquietante não tanto pelo seu peso em relação ao produto, mas pelos sintomas de descontrolo que o desvio em relação à previsão inicial revela, o que, aliás, levou a Comissão Europeia a aconselhar que se pusesse em marcha o mecanismo de "alerta rápido", sem que, no entanto, o Conselho tivesse aprovado a proposta.

As dificuldades actuais devem-se, em boa medida, à aceitação em bloco, sem contraproposta de modificações, da concepção da união monetária de Maastricht; à opção, não discutida, pela condição de fundadores da moeda única; à aceitação acrítica das regras que foram consagradas no pacto de estabilidade; à desatenção às implicações deste pacto no domínio da gestão das contas públicas; à incapacidade de definir e adoptar medidas de política estrutural orientadas para as exigências da produtividade e da competitividade, dominantes no contexto de uma união monetária destituída de dispositivos de compensação dos desequilíbrios entre as economias participantes.

Tudo ponderado, a experiência portuguesa de cerca de três anos no âmbito da união monetária está longe de se afigurar auspiciosa. Antes que se alargue mais a diferença de rendimento "per capita" em relação à média comunitária, é importante, que, para além de se efectivar a necessária disciplina nas finanças públicas, se empreendam as reformas estruturais, já de si indispensáveis, mas tornadas mais instantes por implicação da presença na zona do euro. Se assim não se fizer, corremos o risco de substituir a Grécia na última posição da tabela de países da União Europeia e de ver generalizado entre nós um sentimento de frustração, imputado, mais cedo ou mais tarde, à própria participação na união económica e monetária.

A CONVENÇÃO EUROPEIA (*)

A expressão, que evoca, um tanto pretensiosamente, a Convenção de Filadélfia de 1787, parecendo induzir à visão de uns "Estados Unidos da Europa", aplica-se ao cenáculo em que, durante um ano, se debate o tema do futuro da integração europeia e se procuram elaborar propostas para a conferência intergovernamental de 2004.

Dos termos de referência constantes da Declaração de Laeken de Dezembro de 2001 consta a rejeição da fórmula do Super-Estado, mas o caminho continua aberto para modalidades intensas de integração política. E, a ser verdade o que já foi dito sobre a ideologia dos participantes, parece que larga maioria, à partida, é portadora de fortes convicções federalistas, o que afecta o plano de neutralidade que seria desejável fazer prevalecer. O Presidente, Giscard d'Estaing, tem-se mostrado partidário convicto de uma forma intensa de união europeia, e os dois vice-presidentes são federalistas notórios.

Tudo isto se passa contra o pano de fundo do alargamento, abrindo a perspectiva de uma Europa com grande número de médios e pequenos países. O Conselho Europeu de Nice, nos fins de 2000, foi pela primeira vez palco do afrontamento entre os grandes Estados membros e os demais. Os primeiros viram reforçada a sua influência, designadamente através das novas ponderações de votos no Conselho, que reverteram em seu benefício; os segundos tiveram de contentar-se, temporariamente, com a garantia da presença de nacionais seus na Comissão.

Embora o Tratado de Nice ainda não esteja em vigor, e não se saiba mesmo se virá algum dia a aplicar-se, vai fermentando a ideia de uma cada vez mais nítida demarcação entre os grandes e os pequenos, em detrimento dos últimos. A pretexto (ou em consequência) do alargamento, a temida figura de um "directório" das grandes potências ficou esboçada, e não é de excluir que o caminho para 2004 seja assinalado pela acentuação deste traço.

(*) Publicado no semanário "Expresso", com as epígrafes "A balança do poder na Europa" e "Portugal e o futuro da União Europeia", respectivamente em 1 e 15 de Junho de 2002.

Grandes e pequenos países na estrutura da União Europeia

Está, afinal, a discutir-se, quase sem se dar por isso, o lugar dos países na futura estrutura política da União Europeia. E à distinção, com base na intensidade do processo de integração, entre os países da primeira linha (os que participem em cooperações reforçadas centrais, como foi o caso da própria criação da união monetária) e os da divisão inferior tenderá a sobrepor-se, a consagrarem-se regras que confirmem o poder acrescido dos países grandes, a diferença de estatuto entre os Estados membros consoante a sua dimensão.

Sendo assim, de pouco adiantará a países pequenos ou médios esforçar-se por acompanhar os grandes na velocidade superior do processo, porque, de uma forma ou de outra, ver-se-ão reduzidos à condição de parceiros quase irrelevantes na tomada de decisões.

Na experiência passada de integração regida pelo Tratado de Roma, o problema das tensões entre grandes e pequenos Estados membros praticamente não se colocava. Havia um mais aproximado equilíbrio numérico entre uns e outros e, embora as diferenças populacionais se reflectissem na ponderação dos votos, aos pequenos era assegurada, sob este ponto de vista, uma "sobrerepresentação" nos dispositivos comunitários.

Com a projectada alteração das ponderações e a prevista generalização do mecanismo de deliberação por maioria qualificada, as relações de poder entre os Estados tenderão a alterar-se profundamente, o que não deixará de se reflectir na configuração de formas mais ousadas de integração.

Em face do que se referiu sobre a composição da Convenção e as preferências dominantes dos seus membros, não será de surpreender que dos seus trabalhos resultem propostas avançadas no campo da integração política. Mas, como aparentemente não se trata de constituir um Estado federal em sentido próprio, faltarão ao modelo determinadas características usualmente observadas nas federações – sendo até possível que não se chegue a consensos no sentido da consagração de soluções de federalismo financeiro. Em particular, é visível a falta de disposição da Alemanha para financiar as políticas comunitárias que não lhe interessam – e daí, por exemplo, a ideia de "renacionalização" da política agrícola comum, dimanada de responsáveis políticos desse país, em curioso contraste com a afirmação do propósito de fazer evoluir a União para uma estrutura de tipo federal.

A balança de poder e a soberania

A fraca atenção dada até agora, entre nós, aos temas da Convenção, o quase total esquecimento a que, na campanha para as eleições legislativas, foram votadas as questões relativas ao futuro da participação de Portugal na integração europeia assinalam uma perigosa indiferença em relação àqueles temas e a estas questões.

Ora, o que está em discussão é da maior importância para o futuro do País, pois o que se joga é a posição relativa das diferentes nações na balança de poder na Europa e, porventura, o próprio estatuto dos Estados em face do ordenamento internacional, ou, de outro ângulo, a preservação daquilo que, num mundo cada vez mais interdependente e globalizado, ainda se identifica com a noção – embora diluída – de soberania.

A reflexão sobre estes temas é não só útil como indispensável, pois pode ser que não tarde o momento em que o País se veja confrontado perante decisões cruciais, envolvendo o seu estatuto futuro na Europa e no mundo. Assume, aqui, particular importância a análise das implicações políticas e económicas do federalismo, da intensidade dos compromissos federais e da desigualdade entre os Estados numa nova estrutura da União Europeia.

É de prever que, na sequência da Convenção cujos trabalhos já se iniciaram, se venham a processar novas investidas contra o estatuto dos Estados nações no plano da integração europeia e, paralelamente, se promova a redistribuição de poder entre os países, saindo reforçada a preponderância dos grandes. Ao mesmo tempo, assumirá crescente relevo a possibilidade de adopção de ritmos diferenciados de integração, com os dilemas daí decorrentes para os Estados membros, sobretudo para os da periferia.

O debate sobre o futuro da Europa

No debate, até agora apenas esboçado, sobre o futuro da Europa, as concepções que se defrontam são, simplificadamente, a da criação de nova superpotência, com lógico apagamento dos poderes dos Estados, e a da manutenção das características híbridas da construção, ainda que com relativo ascendente dos elementos federais sobre os intergovernamentais.

Não existindo unanimidade entre os Estados membros quanto a uma plena implementação da centralização de poder, não é de esperar que venha a ser franqueado o limiar da formação de uma ordem federal estatal. Mas, com a evolução do processo, cada vez se vai aproximando mais esse limiar. E daí o valor atribuído pelos federalistas à "constitucionalização" dos tratados europeus, mediante a passagem do acto internacional a um acto de direito interno, assinalado pelo abandono da exigência de unanimidade na revisão dos preceitos relativos à organização da União, e pela assunção, por esta, das competências relativas a sectores fulcrais, como os da defesa e da política externa.

Ora, não é uniforme a predisposição dos Estados membros para aceitarem a criação de um novo Estado federal, em que, em última análise, as entidades componentes se despojem da qualidade estatal e esta seja assumida pela União. De resto, não existe na actualidade a realidade psico-sociológica que se identificaria com uma **nação europeia.**

Embora a federalização e a constitucionalização tendam a reforçar-se mutuamente, já se tem jogado com a ambiguidade do último conceito, por forma a se procurar compatibilizar a aceitação da ideia de constituição europeia com esforços de travagem ou de inversão do processo da integração. É neste sentido que, em projectos britânicos recentes, se aceita, pelo menos formalmente, a perspectiva da "constituição", mas se procura, ao mesmo tempo, consagrar a devolução de poderes às instituições dos Estados membros e rejeitar, com uma ponta de ironia, a própria afirmação da "ever closer union"...

A posição de Portugal

Constituindo Portugal uma das nações mais antigas e cultural e politicamente mais homogéneas da Europa, é da maior importância não só que se proceda a intensa reflexão sobre as questões focadas, mas ainda que se procure criar condições para influenciar (desejavelmente em associação com parceiros partilhando idênticas preocupações) as próximas negociações sobre o futuro da integração.

Nas discussões que precederam as anteriores revisões dos tratados europeus, os nossos representantes souberam defender os interesses nacionais em questões que nos dizem específica e directamente respeito, como as relativas à coesão económica e social; mas, de um modo geral, abstiveram-se de procurar influir nos modelos centrais da integração, como sucedeu com a concepção da união económica e monetária.

Por outro lado, as presidências portuguesas têm sido marcadas por um sentido de imparcialidade, em si mesmo louvável, mas que talvez não seja o melhor ajustado à realidade da luta implacável pela realização dos objectivos nacionais no contexto da integração europeia.

Abre-se agora uma nova fase, em que pela primeira vez se propõe explicitamente a reflexão sobre o futuro a longo prazo da integração europeia, e em que o alargamento da discussão às esferas não governamentais e, de uma forma geral, a diferentes planos da sociedade civil poderá facilitar a passagem a uma atitude mais actuante e menos retraída na abordagem dos grandes temas europeus.

Como se observou, é significativo que toda esta problemática sobre o futuro da Europa, em que está envolvido também o futuro do País, tenha estado ausente dos debates que marcaram a campanha para as eleições de Março de 2002. Ao invés, as peripécias em torno da capacidade de criar as estruturas para a realização de uma prova desportiva de dimensão internacional mobilizaram as atenções dos políticos e dos eleitores. Isto mostra até que ponto está a faltar o sentido das proporções, e quão grande é o alheamento da opinião pública em relação à percepção dos grandes problemas de fundo que condicionarão o futuro do País no quadro da Europa, e de que porventura dependerá a própria permanência do Estado como entidade soberana na cena internacional – que supomos ser elemento integrante do conceito de **identidade nacional**.

A Convenção e a revisão dos Tratados europeus

É importante que se tenha presente que as posições assumidas no âmbito da Convenção não são vinculativas dos Estados membros no processo de revisão dos Tratados europeus. Com o argumento que se tornará politicamente impossível modificar, na Conferência Intergovernamental de 2004, as propostas que dimanarem da Convenção, por estas constituírem um todo incindível, que deixaria de fazer sentido se dele se retirasse qualquer dos seus elementos, visa-se atar as mãos dos Governos, desvalorizando o seu papel, minimizando o requisito de unanimidade na aprovação das alterações dos Tratados e, afinal, preparando o terreno para a transição do processo de revisão de raiz internacional para um processo constitucionalizante à escala interna da União.

A participação na Convenção de parlamentares europeus e nacionais e o seu prolongamento a nível de organizações representativas da sociedade civil permitem, decerto, um diálogo mais amplo e com maior visibilidade do que no passado – quando as conversações conduzindo às revisões dos Tratados europeus se confinavam a agentes governamentais, em fundo de secretismo. Mas isto não altera o que decorre das normas vigentes sobre a revisão dos Tratados em que se funda a União: a Convenção é um "forum" de reflexão e debate, não podendo assumir-se em assembleia constituinte; o poder constituinte continua a residir nos Estados membros e a traduzir-se na celebração ou na revisão de Tratados, com sujeição às ratificações de todos os países envolvidos, nos termos dos respectivos processos constitucionais.

TAX HARMONIZATION (*)

1. The widespread changes brought to the Treaty of Rome (presently, the EC Treaty) by the Single European Act, the Treaty on European Union and the Treaty of Amsterdam did not concern the provisions on taxation. In this field the original structure of the Treaty was maintained, it being dominated by rules aiming at eliminating tax discrimination on imports and exports of products and providing for border tax adjustments (articles 95 and 96).

The possibility of harmonization of national laws on turnover taxes, excise duties and other types of indirect taxation is expressly foreseen in article 99; and this provision provided the legal base for the developments which occurred in the areas of value added taxation and excise duties.

With regard to direct taxation, no specific similar cause exists in the EC Treaty. This did not, however, refrain the Council to enter the field of harmonization of direct taxation, namely through the merger and parent-subsidiary directives, on the basis of article 100.

Both article 99 and article 100 require the Council to act unanimously; and when the Single European Act introduced article 100-A in the Treaty, allowing the Council to act by a qualified majority in regard to measures on establishment of the internal market, tax provisions were expressly excluded from this more flexible voting scheme.

2. Tax harmonization has not been considered as an end in itself, but as a means to eliminate fiscal obstacles to the free movement of goods, persons, services and capital within the Community.

In the field of indirect taxation, the need to provide for accurate border tax adjustments led to the approval of the first and second directives on the value added tax system. After the decision on the own

(*) Texto inserido no livro "O Euro e o Mundo"; publicado em Janeiro de 2002.

resources of the Community, further efforts of harmonizing the tax base materialized, a few years later, in the sixth directive.

With the challenge of the single market, having the same characteristics of an internal national market, the objective of eliminating the tax frontiers became central to the tax harmonization process.

No agreement having been reached in the Council on the establishment of a system based on the perception of tax at the country of origin, transition arrangements were set up, by which the collection of tax in the country of destination was made compatible with the removal of the frontiers, and some alignment of rates was achieved.

In the area of excise duties, directives adopted in 1992 harmonized structures and established a minimum harmonization of rates, in what concerns tobacco, alcoholic drinks and petroleum products.

3. The process of harmonization of turnover taxes, which is still awaiting the "definitive system" that was initially supposed to be established in 1997, developed in three main steps.

The first was the introduction of the common system of value added tax, through the first and second VAT directives of April 1967; the second corresponded to the adoption of the sixth directive, in May 1977, in which a common base of assessment for the value added tax was set up in detail; the third took place in December 1991, when a further directive was approved in regard to the abolition of tax frontiers, involving transitional arrangements to be applicable until the end of 1996 – which have been continued since then.

Under a directive of October 1992, the member States agreed to apply a standard rate of value added tax, not lower that 15 per cent, and up to two reduced rates (minimum 5 per cent), on specified items of goods and services.

In this transitional system, only purchases by private individuals are taxed in the country of origin (with the exception of purchases of new cars and sales at distance); the taxation of purchases by taxable persons takes place in the country of destination, but the concepts of exportation and importation are replaced by intra-community supply and acquisition of goods, as instead of the fiscal controls at the internal frontiers, which are abolished, the intra-community acquisition is reported on the value added tax return.

The system foreseen in the 1991 Directive was conceived as a transitional one. The Commission should submit to the Council before the end of 1994 proposals for the definitive system, to be applied after 1996.

In the system devised by the Commission, which was finally disclosed in a paper presented in July 1996, the distinction between domestic and intra-Community transactions disappears, all transactions within the Community being taxed as if performed within a single member State.

This system involves a reallocation mechanism of tax revenues between member States, and further harmonization of rates. Other aspects of the structure of value-added taxes should also be harmonized.

No date has yet been proposed for the implementation of the definitive system.

4. Tax harmonization being a delicate process, as it restrains the budgetary freedom of the member States, it is not surprising that efforts in this area have been limited to the removal of the most apparent or immediate tax obstacles to economic integration. The priority which was given to the harmonization of turnover taxes and excise duties is explained by their immediate effect on prices and by the need to eliminate the tax frontiers.

In regard to direct taxes (taxes on individuals and corporations), the reluctance of member States to accept the loss of their fiscal sovereignty implied in tax harmonization arrangements has been particular strong.

The priority of removing tax obstacles to economic integration is not so clearly perceived as in the case of the taxes on goods and transactions. And direct taxes, namely taxes on personal income, are traditionally dominated by economic policy choices of the national governments and parliaments.

5. In the first period of the direct tax harmonization efforts in the European Community, the Commission, following the pattern of the initiatives on indirect taxation, undertook the full harmonization of the system of company taxation and of withholding tax on dividends. Such was the purpose of the proposal for a directive submitted to the Council in 1975. The rates of the national corporation taxes should be between 45% and 55%, and the member States should fix the amount of imputation credit between similar limits.

This proposal was withdrawn in 1990, when the Commission, in its "Guidelines on company taxation", adopted a new approach, reflecting the concern on subsidiarity, and concentrating on measures essential to the completion of the internal market". The idea of global harmonization was abandoned, as the States, for the sake of preserving tax sovereignty, had shown their unwillingness to be involved in approximation of tax rates and tax bases. In the same year, the Council adopted the merger Directive and the parent subsidiary Directive. The Commission also submitted directive proposals on intra-group interests and royalties and on the taking into account of foreign losses.

In the 1990 approach, the Commission ceased to envisage overall harmonization of the corporate tax system, along the pattern established by the sixth VAT directive in the indirect tax field, as the idea of an advanced harmonization of direct taxes had lost its appeal, and took the more pragmatic approach of tax harmonization in specific sectors. But the instruments used in the effort of harmonization were still the same.

Since 1994, a more flexible approach has been adopted by the Commission, in which, together with directives aimed at resolving specific tax issues, coordination efforts are undertaken in regard to more general matters, in the form of initiatives that are not legally binding, as in the case of the code of conduct, or of the 1994 recommendation on the tax treatment of non residents.

It is likely that the ambitious proposals of the Ruding Committee report on the harmonization of company taxation system, rates and bases will for a long time remain frozen, as the States do not seem to be interested on modifying their attitude on such matters.

6. The process of globalization, notwithstanding its positive consequences in the area of national tax policy – convergence of tax reforms on objectives of base broadening and rate reductions, elimination of tax barriers to capital flows – has the negative effect of, through the adoption of competitive tax provisions, leading to the erosion of the tax bases of other countries.

As a consequence, a part of the tax burden is shifted to taxes on labour, consumption and non mobile factors, to the detriment of the equity of the tax systems, and creating a negative influence on employment.

On April 1998, the OCDE Council approved a report on the Committee of Fiscal Affairs on harmful fiscal competition, including a set of guidelines for dealing with such situation: it is recommended that the member States refrain from adopting new measures that constitute harmful tax practices, that a list of existing measures representing such practices be drawn, that within the period of 5 years such measures be removed.

Nowhere in the OCDE Council recommendation, or in the report of the Committee on Fiscal Affairs, tax harmonization is considered. A "coordinated approach" is advocated, to be undertaken through a "Forum on Harmful Tax Practices"; but it is visible that the emphasis is placed on the exchange of information between tax authorities (one of the recommendations included in appendix to the OCDE Council statement relate to the access to banking information on tax purposes), no reference being made to an approximation of withholding taxes on savings.

In the dissenting statements by Luxembourg and Switzerland it is stressed that the model of coexistence, in which withholding taxes constitute an alternative to exchange of information, was ignored.

The same problem – counteracting harmful tax competition – is the central concern behind the new "global" approach of the Commission on tax issues (realistically taking into consideration the principle of subsidiarity and the difficulties posed by the requirement of unanimity in the area of taxation).

OCDE being interested in the effect of globalization on tax competition among the industrial countries at large, the problem has of course very different features in the frame of the

European Union, where an experience of intense economic integration – a single market completed by monetary unification – is being pursued.

7. In the context of the European Union, the diagnose is the same. The main concern is the stagnation of the tax revenues of the member States and the erosion of the tax base caused by fiscal competition – the tax burden on the most mobile factors, such as capital, self-employed labour and energy, tending to decline; that on the less mobile, employed labour, tending to increase. Reference is made to the threat of unfair or harmful competition on the revenues from internationally mobile business.

Due to the integration of the markets, the phenomenon of fiscal degradation, which is observed in the world at large, is particularly felt in the Community. Given these challenges to the tax policies of the member States, closer coordination of tax measures is recommended, namely in the framework of the effort to reduce employment.

The "package approach" that was suggested by the Commission involves:

1) the approval of a code of conduct in the field of business taxation, reflecting the political agreement of all member States;

2) a modified proposal of the draft Directive on the taxation of savings, combining the system of a minimum withholding tax with that of information between tax administrations on the interest income of non residents;
3) and a draft Directive aimed at eliminating withholding taxes on cross – border interest and royalty payments between associated companies.

8. Paradoxically, the coordination of taxation policies for the purpose of counteracting harmful measures may be supported with the argument of defending national sovereignty. The international mobility of the bases and downward fiscal competition creates a risk of erosion of the member States tax revenues.

Cooperation and harmonization, on the lines of the above mentioned "package approach", seems to be a way of giving back to the States some of the powers in the field of taxation that have been lost through negative tax competition.

But a further challenge is taking shape, menacing the European Union as a whole, even after successful intra-Community harmonization: that of electronic transactions circumventing national tax rules and national tax bases.

9. In the European Community, tax harmonization has been an instrument to facilitate the functioning of the internal market for products and production factors.

As advances towards a fully free market for capital and labour were slower then those related to the market for goods and services, indirect taxation comes to the forefront. The greatest achievement in tax harmonization so far remains the adoption of the common value added tax system. The problems of harmonizing direct taxation were traditionally regarded as less urgent or more remote; moreover, member States consistently perceive national policies regarding income taxes as constituting a bulwark of their sovereign rights.

In harmonizing national taxes, close attention should be paid to the tax policies of countries outside the European Union. The phenomenon of globalization renders difficult for a group of countries to harmonize tax measures if a similar policy is not followed by outside competitors. This can be illustrated by the proposal for a Council directive introducing a tax on carbon dioxide emissions and energy, the purpose of which is fighting the "greenhouse effects". Such proposal, presented by the Commission in 1992 and still not approved, was conditional on the introduction of similar tax measures in other OCDE countries, due to its effects on the competitiveness of industry.

10. Spillover effects of economic integration are well known. To a certain extent, the decision of creating the monetary union was a result of the institution of the internal market: the risks of exchange-rate volatility representing an obstacle to the free movement of goods, services and factors, the member States were driven to accelerate the process of economic integration, replacing flexible exchange-rates by fixed rates, and, as the preservation of exchange-rate stability imply a full coordination of monetary policy, ultimately replacing national currencies by a common unit controlled by a supranational central bank.

Economic and monetary union is not only related with money matters: the control over national fiscal policy is also considered, in the form of binding rules on the limits of the size of the national budget deficits and on their financing. In the course of the second step of the formation of economic and monetary union, the member States accepted to reinforce the provisions of the EC Treaty on the control of excessive budgetary deficits through the adoption of a "stability pact", under which the value of the applicable fines in regard to countries in default was fixed, and a pledge not to invoke the exceptional character of excessive deficits in the contest of mild recessions was undertaken.

11. The centralization of monetary policy, as an inseparable feature of the monetary union, together with the establishment of binding budgetary rules, deprive the States of their main national tools of economic management.

Due to differences in economic structures, shocks specific to one or two countries may occur, which can no more be cushioned by national weapons (exchange-rate policy, monetary policy, fiscal policy). In regard to such asymmetric shocks, a system of fiscal transfers based on the central budget of the union might be of great utility; but such system, which is in force in modern federations, does not exist in the context of the European Union.

While, in the case of monetary policy, it can be said that sovereignty is transferred from the national level to the centre, the same does not happen in regard to fiscal policy, where the sacrifice of freedom by the States creates a policy vacuum, as no global budgetary powers are granted to central authorities.

The Community budget provides the financing necessary for the implementation of the various policies, its spending concerning mainly the common agricultural policy and the structural funds. The system of finance is based on the Community's own resources – the proceeds of the common external tariff and of the agricultural import levies, the VAT component, the contribution based on GNP.

In itself, the limit presently established to the total dimension of the budget – 1,27% of the Community GDP – does not allow for the extension of the functions to new actions related to the task of facing the effects of asymmetric shocks – not to speak of the necessity of further reducing national differences in productivity and capital endowment.

12. In spite of the lack of enthusiasm in regard to any forms of fiscal federalism, it cannot be excluded that a spillover effect develops in this direction, having as a starting point the constitution of the monetary union with its complementary contents of binding budgetary rules. And, as new functions would be undertaken by the Community, new sources of finance should be devised as well, going beyond the traditional structure of own resources and eventually leading to the transfer, to some extent, of the power to tax to the central authorities of the European Union.

The Community would, in such context, be able to use a fiscal policy for macro-economic management, based on a budget differing from the present one in dimension and structure. In the field of taxation, its activities, which have been restricted to harmonization efforts aiming at eliminating the impact of tax obstacles to market integration, would enter a completely new stage, where existing monetary federalism, achieved through the creation of the monetary union, would be matched by elements of fiscal and tax federalism. And, in turn, the spillover effect might then be a powerful force towards political union.

The introduction of a supranational European corporation tax could be a central element of such advanced step in political and economic integration. But the idea cannot be expected to materialize in the foreseeable future, due to the reluctance of the member States to surrender their tax powers.

13. In comparison to the outstanding progress made in monetary integration, the field of taxation and tax policy was left far behind. In spite of the developments on supranationality brought by the Single European Act and strengthened by the the Treaty on European Union, decisions on tax matters continue to be submitted to the unanimity rule. Tax harmonization was operated, it being however basically restricted to the area of indirect taxes, as progress in direct tax harmonization has been very slow and relates only to very specific areas. Even in the field of turnover taxes, the definitive regime based on collection at the country of origin has been postponed to an uncertain date.

It is too early to expect that the spillover effects of monetary union begin to unfold. But the perspective of economic and monetary union has already given new impetus to a movement of harmonization of direct taxes, although this time through softer instruments, as in the case of the recently approved "code of conduct".

14. What will be the impact of EMU on the tax field? Does EMU imply further approximation of tax systems, or, on the contrary, will it reinforce the willingness of the members States to retain national powers on taxation?

In the pure logic of the development of the integration process, once the level of monetary union is reached, further tax coordination is to be expected. With the suppression of exchange-rate risks within the Community, differences on taxes on income from capital become more visible, and the need for tax harmonization in this sector increases.

But the reluctance of the member States of abandoning their power of veto in regard to tax harmonization, assorted with the strength of the principles of subsidiarity and proportionality in Community action, points to the other direction.

Even if the path towards further fiscal harmonization prevails, it seems that ideas of advanced tax integration, such as that of introducing genuine European tax categories, are not feasible in the foreseeable future, as the actual mood in Europe is not in favour of federal type achievements in integration.

REFERENCES

DALY, M. Harmonization of Corporate Taxes in a Single European Market: Recent Developments and Prospects, Canadian Tax Journal, Vol.40, no.5, 1992.

FARMER, P. and Lyal, R. EC Tax Law, Oxford, 1994.

Easson, A. Harmonization of Direct Taxation in the European Community: from Neumark to Ruding, Canadian Tax Journal, Vol.40, no.3, 1992.

Hinnekens, L. The Monti Report: the Uphill Task of Harmonizing Direct Tax Systems of EC Members States, EC Tax Review, 1997-1.

Montagnier, G. Harmonisation Fiscale Communautaire, Revue Trimestrielle de Droit Européen, no 2, 1997.

OECD, Harmful Tax Competition. An Emerging Global Issue, Paris, 1998.

Terra, B. and Wattel, P. European Tax Law, 2nd. Edition, Deventer, 1997.

A VIA FEDERAL (*)

Na evolução do processo de integração europeia ganha força a ideia de se estabelecer uma Constituição da Europa ou da União Europeia. E, por vezes, surge a referência introdutória "*We the people of the European Union*", parafraseando a inscrição clássica da Constituição dos Estados Unidos da América. Este é o desejo de alguns, em particular dos federalistas radicais, que visam a formação de um Estado federal, pressupondo a existência de um poder constituinte assente na manifestação da vontade popular à escala de todo o espaço integrado. Mas a realidade é bem diferente. No plano da Europa, o que existe são povos distintos, **não há um povo europeu**.

Sondagens que têm sido feitas em torno do problema da lealdade ou da afeição dominante das populações são esclarecedoras a este respeito. Há pouco tempo, o Eurobarómetro fez um inquérito nos países da União Europeia sobre se as pessoas interrogadas se sentem primariamente ligadas ao país de que são cidadãos, ou basicamente ligadas à Europa. As respostas vão desde o Luxemburgo e a Itália, onde, ainda assim, só 21% e 14% dos interrogados, respectivamente, se dizem basicamente europeus, até países onde o basicamente europeu é uma franja mínima das opiniões expendidas, como é o caso do Reino Unido, com 6%, ou de Portugal, com 5% – o essencial dos interrogados sente-se aqui primariamente ligado ao seu país de origem, só marginalmente se afirmando como primordial a visão da pertença à Europa.

Parece poder concluir-se que a ideia de criação de um superestado europeu com características federais, que venha a ter, em si, uma expressão nacional, por efeito da afeição predominante da população em relação à ideia europeia, não depara com terreno propício. Quando muito, será

(*) Texto elaborado a partir da gravação de uma conferência proferida em 26 de Julho de 2002 no âmbito do curso sobre "A União Europeia e Portugal: a Actualidade e o Futuro", promovido pelo Instituto Europeu da Faculdade de Direito de Lisboa.

uma visão futurista, não passível de concretização antes de muita água correr sob as pontes. Na verdade, não existe em parte alguma, como se vê pelas sondagens de opinião, uma afeição predominantemente europeia. E contrapõem-se países como o Luxemburgo e a Itália, com alguma dimensão de ligação a uma lealdade europeia, a países como o Reino Unido, a Suécia, a Dinamarca, onde é muito ténue a aproximação a esse tipo de lealdade. E não é por acaso que isto acontece.

São muito diferentes as posições dos Estados membros da União Europeia quanto à atitude em relação a uma federação europeia. Há os países habitualmente propensos a aceitar seguir a fundo a trilha federal, antes de mais os já referidos Luxemburgo e Itália, mas também a Alemanha, a Bélgica e a Holanda. Há, no outro extremo, países abertamente indisponíveis à passagem ao estádio federal: o Reino Unido, a Suécia e a Dinamarca – precisamente os que não optaram, por agora, pela inserção na zona do euro. E há outros que se situam numa zona intermédia, entre os quais se conta Portugal, onde a questão não foi abertamente formulada ou se mantém em surdina, e se vive numa espécie de *wait and see,* enquanto se aguarda uma clarificação das preferências dominantes nos Estados membros quanto à questão dos fins últimos da integração.

O poder constituinte tem de residir no povo para ser um poder democrático. Tem de haver um *demos*, tem de haver um povo que se aglutine em torno de interesses, preconceitos, ideais, sentimentos, distinguindo-se dos restantes. A verdade é que, à escala da Europa, essa realidade não existe. E quanto mais ampla se tornar a União Europeia, menos existirá, porque a heterogeneidade não deixará de se acentuar. Com a adesão dos países ora candidatos, a Europa ficará ainda mais dispersa num mosaico de idiossincrasias nacionais, e mais distante estará o *demos* europeu. Quando em Bruxelas, na Convenção que está reunida para analisar estes problemas e propor soluções, se pretende elaborar uma Constituição europeia em sentido formal, dir-se-ia que, no fundo, do que se trata é de fazer um projecto legislativo, aspirando a que entretanto se materialize o povo europeu, para o poder legitimar.

Não se me afigura desejável uma solução de federalismo para a Europa, que muito possivelmente seria abafante da identidade dos Estados, em particular dos pequenos. Tem, todavia, de reconhecer-se que o federalismo nasceu com o seu "Ersatz", o supranacionalismo, plasmado na organização da Comunidade do Carvão e o Aço, e traduzindo de perto o pensamento dos pais fundadores. No Tratado de Paris (cuja vigência cessa precisamente em 2002), a expressão "supranacional", a qualificar as funções da Alta Autoridade, foi pela primeira vez objecto de referência explícita. Esse termo veio mais tarde a desaparecer, não se tendo ousado retomá-lo quando da fusão dos executivos comunitários. E, ao ser criada a CEE, não se inseriu no respectivo diploma, o Tratado de Roma, a referência a supranacional. Mas a verdade é que elementos supranacionais subsistiram na própria formação da CEE. É bem claro que o Carvão e o Aço estava muito mais próximo de uma visão supranacional (préfederal), até pela arquitectura institucional que o envolvia, do que depois a Comunidade Económica Europeia. A Comunidade do Carvão e o Aço apresentava-se como uma espécie de "federação de sector" – apenas dois produtos estavam envolvidos –, mas com implicações que se esperava, ou se previa, que fossem no sentido de se alargar o campo da integração, até se chegar ao objectivo final que era o Estado federal: os Estados Unidos da Europa, como afirmava Jean Monnet (embora depois parecesse cair em certa indefinição, ao admitir que os Estados Unidos da Europa poderiam corresponder a uma fórmula federal ou, alternativamente, a uma fórmula confederal).

A euforia supranacional foi tão intensa no princípio da década de 50 que se promoveu a formação de uma Comunidade Europeia de Defesa, onde haveria um Comissariado, uma espécie de Alta Autoridade agora voltada para a organização do exército europeu, com características vincadamente supranacionais. Com a Comunidade Política Europeia, que entretanto se projectou, avançava-se mais ainda no sentido federal. Porém, como a Comunidade Europeia de Defesa foi recusada em 1954 pelo Parlamento francês, caiu pela base o tratado já entretanto assinado, e deu-se o afundamento do supranacional.

Quando se relançou a ideia europeia com a CEE, procurou criar-se uma estrutura orgânica semelhante à da CECA. Aceitou-se certa transferência de poderes dos Estados para entidades independentes, mas a referência federal não foi explicitada, e os traços supranacionais atenuaram-se. A Comunidade Económica Europeia constituiu um reviver da ideia europeia em termos dominantemente intergovernamentais, à partida apenas com laivos supranacionais. A evolução que se verificou é que veio acentuar as marcas federais. A principiar no plano do direito, tendo-se activado uma espécie de "federalismo legislativo". Quando o Tribunal de Justiça se arrogou a definição de princípios básicos que passaram a reger a ordem comunitária, e afirmou a supremacia do ordenamento comunitário sobre os ordenamentos jurídicos nacionais, deu-se nítido avanço no sentido federal. Mesmo na altura em que, a nível político, permanecia ou até se intensificava o contexto de mera cooperação intergovernamental, já se esboçava a formação de um espaço federal de direito.

Isto foi o primeiro passo. Depois, outros se deram em reforço do elemento federal. Esses novos passos estão relacionados com a evolução da regulação jurídica da Comunidade Económica Europeia, traduzida em alterações dos Tratados básicos. E cada um dos novos Tratados continha marcas federais, umas vezes ostensivas, mesmo de grande ressonância, como foi o caso de Maastricht ao promover a criação da união monetária, a qual, dada a matéria sobre que incide, influi horizontalmente em toda a economia dos Estados membros (contrariamente ao que se passava com o carvão e o aço), outras vezes mais discretas, mas sem que por isso deixassem de representar avanços no sentido federalista, como sucedeu com o Tratado de Amesterdão e também com o Tratado de Nice. No de Amesterdão, o alargamento do número de casos de votação por maioria qualificada no Conselho, a extensão do processo de codecisão a novas situações, acentuando a participação do Parlamento Europeu (orgão de vocação supranacional) na elaboração legislativa comunitária constituíram traços federais.

Desde o princípio dos anos 90 o protagonismo da Comunidade Económica Europeia foi ofuscado pelo da União Europeia, realidade mais ampla, que abrange os novos pilares das cooperações políticas, o que veio acentuar o hibridismo que já se observava no regime da Comunidade. Agora, coexistem o pilar comunitário, com traços federais em acentuação, e os dois novos pilares da política externa e segurança comum e da justiça e assuntos internos (este último entretanto reduzido – e redenominado – por absorção de parte das suas matérias no regime comunitário), ambos de carácter intergovernamental – reflectindo uma visão somente confederalista ou intergovernamentalista. A Comunidade, e mais ainda a União Europeia que a envolve, constitui, na verdade, uma realidade híbrida, em que convivem traços federais e traços de cooperação intergovernamental. Está-se longe de se atingir o patamar da Federação. Alguns pensam que é para lá que se caminha, e militam com fervor nesse sentido. Outros contestam, com não menor veemência, a possibilidade de tal solução. Como já vimos, os próprios Estados divergem profundamente quanto a essa perspectiva. Tudo permanece, assim, em aberto. Desenrola-se uma espécie de jogo de contornos mal definidos, em que se desconhece para onde se caminha, e nem mesmo há acordo quanto ao objectivo final da construção.

Ao referirmos os traços federais, temos presente a distinção clássica entre a Confederação e a Federação. A Confederação é regida por um tratado pelo qual os Estados acordam em cooperar em relação a certas matérias ligadas à defesa, às relações externas, ou a outros temas, mas não é criado um aparelho institucional próprio, dotado de orgãos de gestão independentes. A última palavra cabe aos Estados participantes, sendo as decisões tomadas por unanimidade.

No caso da Federação, a situação é completamente diferente. Há transferência de poderes soberanos para órgãos centrais, compondo uma estrutura que tem parecenças aparentes com a que conhecemos na Comunidade Europeia. Nesta última, aquela transferência vai-se acentuando. Se se atingir o limiar da Federação, todos os poderes atinentes às matérias primordiais da soberania terão sido assumidos pelas novas entidades centrais, por abandono por parte dos Estados federados.

Ao transporem-se os umbrais do Estado federal, os Estados federados passam a ser unidades componentes do todo, como o são as regiões, as comunidades autónomas, etc, constituindo o estrato imediatamente inferior ao estrato supremo da Federação. No caso dos Estados Unidos, concluiu-se nos fins do século XVIII que a estrutura confederal que regia as ex-colónias britânicas era destituída da necessária eficácia e coerência, e aprovou-se, na Convenção de Filadélfia, a formação de uma entidade federal. Nessa altura, um conjunto de eminentes propagadores da mensagem federal, como Madison e Hamilton, em artigos publicados na imprensa de Nova Iorque, sob a epígrafe "The Federalist", procuraram tranquilizar os Estados quanto ao que a Federação exigia, sublinhando que, nesta, a generalidade dos poderes continuaria nas mãos dos Estados componentes, transferindo-se para o Estado federal um número reduzido de poderes. O que não punham em relevo é que nesse restrito número de poderes se compreendiam todos os que tradicionalmente correspondem à noção de soberania: a moeda, a defesa, a política externa. A pedra de toque reside precisamente nas relações internacionais. Neste âmbito, foram os Estados Unidos que passaram a dialogar com os restantes países, tendo os Estados federados deixado de ser soberanos no plano internacional.

O processo de formação de uma federação tende a alastrar, sendo transferidos cada vez mais poderes, e firmando-se uma imagem de centralismo que à partida não terá sido visada. Os Estados Unidos são uma Federação, é certo, mas com um grau de centralização muito pronunciado. Este é o preço, para os Estados promotores, da formação da Federação.

Não quer isto dizer que, no caso europeu, na Federação a ser hipoteticamente criada venha a existir o teor de centralidade da Federação americana. É natural, atenta a heterogeneidade dos Estados europeus (nos planos da língua, da história, das tradições) que a Federação europeia, a ser eventualmente constituída um dia, venha a ter um nível maior de descentralização. Mas o que não pode escamotear-se é que não é possível a coexistência de duas soberanias. A soberania ou pertence, em última análise, ao Estado central, ou se mantém no plano dos Estados agregados. No último caso, não se terá criado uma fórmula federal verdadeira, mas algo distante da Federação.

Certos políticos, como Jacques Delors, antigo presidente da Comissão europeia, procuram agradar a gregos e troianos, tentando apresentar a construção europeia de modo a conciliar a ideia de Federação com a ressalva do poder dos Estados – falam então em "Federação dos Estados-Nações". Parece-me que com esta fórmula não se resolve o problema, porque quando se referem os Estados-Nações está-se implicitamente a admitir que os Estados mantêm a sua soberania, e quando se refere a Federação aceita-se que a soberania passa para os órgãos centrais da estrutura.

A integração europeia tem estado em permanente movimento: mantem-se a hibridez, mas é crescente o desequilíbrio em favor dos elementos federais, com concomitante declínio dos traços intergovernamentais.

Para uns, a Federação é preconizada como forma de se evitar no futuro guerras intraeuropeias. Parece-me que não tem muito sentido essa posição. A verdade é que a intensidade de integração que se atingiu ao longo de décadas, antes mesmo de se culminar com a moeda única, já era por si suficiente para poder considerar-se afastado o risco do desencadear de guerras intraeuropeias. Haverá guerras à margem, como o comprova o caso trágico da Jugoslávia, mas guerras entre os protagonistas da integração não são plausíveis, porque o teor do entrelaçamento nos planos da cooperação económica e política é já muito acentuado. O argumento de que a federação é necessária para evitar guerras intra-europeias não parece colher.

Para outros, a Europa está segmentada em numerosos países médios e pequenos: a criação de uma entidade federal central permitir-lhe-ia falar com uma só voz no plano das relações internacionais, e olhar de frente a única superpotência actual, os Estados Unidos. Mas a verdadeira questão é de saber se há presentemente na Europa condições para se avançar no sentido de se sobrepor uma lealdade europeia às lealdades nacionais. Ora, parece difícil admitir que assim aconteça. Nem é certo, aliás, que seja muito salutar visar a criação de nova superpotência. Apesar de tudo, a americana é uma superpotência relativamente benigna. E se viesse a haver forte rivalidade entre duas superpotências – a americana e a europeia –, isso poderia acarretar perturbações da estabilidade política no plano mundial. Há quem entenda que a Europa tem de federar-se para se contrapor à esmagadora influência política da hiperpotência. Creio que a criação de uma federação seria um preço demasiado alto, em termos de diluição das identidades nacionais, para se conseguir tão discutível resultado.

Está presentemente reunida a Convenção incumbida da análise do rumo da integração europeia e da apresentação de propostas com destino à Conferência Intergovernamental de 2004, visando-se a revisão dos Tratados, e talvez mesmo a adopção de um diploma de carácter constitucional. Ora, a constitucionalização, quando exigente e rigorosa, corre paredes meias com a federalização. Os dois desígnios andam em paralelo. Quanto mais perto se estiver de uma constituição para a Europa, substituindo o regime, de raíz internacional, dos Tratados em que a sua integração se tem fundado, mais próximo estará o limiar da Federação, desejada por uns, repudiada por outros.

O termo "federal" é um termo emocional, que por vezes se evita em razão da ambiguidade das acepções em que pode ser tomado. Enquanto para os alemães é desejável avançar-se no sentido do federalismo, porque realçam nele sobretudo as virtualidades descentralizadoras, já os britânicos olham o federalismo como uma expressão de centralização. São bem diferentes as visões do fenómeno federal.

A Convenção de Bruxelas procurará aprovar, até ao seu termo, em 2003, propostas concretas quanto ao futuro da integração. Notou a imprensa especializada, possivelmente com base no currículo conhecido das cento e cinco pessoas que compõem a Convenção, que há um esmagador predomínio de federalistas – pelo que os dados do jogo estariam viciados à partida. Comentou-se também que de entre as dezenas de parlamentares presentes na Convenção, nem dez seriam intergovernamentalistas ou, como hoje se diz, "soberanistas" – nem dez seriam favoráveis a uma visão confederal da integração europeia.

Entretanto, a ideia de constituição vai progredindo. Repare-se que os próprios Tratados europeus já são, no sentido material, constituições: equacionam os princípios fundamentais, o regime de funcionamento dos órgãos comunitários, etc. Tudo isso é matéria constitucional em sentido material. O que se pretende, todavia, quando se fala em caminhar para a "constitucionalização" dos Tratados, é operar um ressalto, uma mudança qualitativa substancial, passando da base internacionalista actual para uma base de direito interno, e culminando, eventualmente, pela aprovação pelo eleitorado europeu, no seu conjunto, do novo regime constitucional. Parece, no entanto, faltar legitimidade para uma consulta desse tipo, já que não existe, pelo menos por agora, um "povo europeu". Os próprios artigos dos Tratados referem os povos da Europa, não o povo europeu.

No caso dos Estados Unidos, era relativamente fácil passar para a Federação, porque os Estados haviam sido até há pouco uniformemente colónias britânicas, não tinham hábitos de autogoverno, não possuíam ideais e visões nacionais, falavam uma língua comum. Por tudo isso, não foi demasiado difícil proceder à mutação para o Estado federal. Ora, na Europa, aqueles factores não existem.

Todavia, dentro daquele seu afã de promover soluções federalistas (uma Federação legal europeia), o Tribunal de Justiça tem sublinhado a natureza constitucional dos Tratados. Começou com o Parecer 1/76, em que se falava de uma hipótese de modificação da **Constituição interna da Comunidade**. Depois, em 1983, no acórdão "Partido Ecologista os Verdes", os Tratados eram qualificados de **Carta constitucional básica** da Comunidade. Finalmente, no Parecer 1/91 sobre o Espaço Económico Europeu, declarou-se que o Tratado, embora concluído na base de acordos internacionais, não deixa de constituir a **Carta constitucional** de uma **Comunidade de direito**.

É no espaço da nação que as decisões democráticas mais naturalmente são adoptadas e observadas. As afinidades existentes com base na coesão nacional explicam que as minorias se disponham a acatar as posições das maiorias. Mas já seria difícil levar as minorias (inclusivamente os Estados colocados em minoria) a submeterem-se às decisões de um poder federal europeu.

Não me parece que se justifique uma proposta de se avançar para o estádio federal pleno. Claro está que é possível simplificar os Tratados, transpor para outra categoria de legislação comunitária, menos solene, as matérias relativas a políticas de integração, que não são elementos centrais de tipo constitucional, e até chamar "Constituição", em sentido não rigoroso, ao conjunto das normas fundamentais resultantes da depuração dos Tratados. Mas a ideia de que há condições para se assumir, a nível europeu, uma formação constitucional em sentido próprio não parece resistir à realidade da ligação básica, por parte dos povos europeus, aos ideais e às visões próprias das nações respectivas.

Aliás, se federalismo é um termo ambíguo, o mesmo pode dizer-se de "constituição". A ideia de constituição europeia, que numa visão mais rigorosa suporá uma aproximação do estádio federal, pode assumir outros sentidos. Há algum tempo, o semanário britânico *The Economist* resolveu apresentar também o seu projecto de constituição para a Europa. Poderia pensar-se que estaríamos perante mais uma solução federalista, mas não era esse o caso. Nesta proposta, o Tribunal de Justiça perderia parte substancial das suas funções em proveito de uma Câmara das Nações, em que estariam representados os orgãos políticos nacionais. No projecto, até se propunha que a expressão "união cada vez mais estreita entre os povos" desaparecesse, porque a aproximação entre os povos europeus já teria assumido intensidade excessiva, devendo, pelo contrário, tornar-se mais frouxa.

Praticamente de todos os quadrantes germinam projectos de constituição europeia, nos sentidos mais variados, e não só na óptica de se caminhar para o federal. Por exemplo, o actual presidente da República francesa, avesso à solução federal, também defendeu que se venha a aprovar uma Constituição – mas não esclareceu com que alcance e conteúdo – e é sabido que a França é ciosa da sua independência no plano das decisões de política externa.

Com Nice, em particular, não terá desaparecido de todo a linha ascendente do supranacional, mas mostrou-se sensível a presença do elemento intergovernamental. A cimeira de Nice foi dominada pelo debate entre os governos dos Estados membros sobre os poderes de voto no Conselho. Curiosamente, até se comentou que a visão intergovermentalista do passado – a *Europe des Nations* de De Gaulle –, renasceu em Nice, mas com a desconfortável diferença de que foram os países grandes os que firmaram nítida preponderância... Pela primeira vez, suscitou-se um debate entre os países médios e pequenos e os países grandes, em torno da sua influência no processo de integração. Ora, enquanto Portugal, a Bélgica e a Grécia passarão dos cinco votos que actualmente têm no Conselho para doze votos, os países grandes, como a Alemanha, a França e o Reino Unido, ascendem dos dez votos que possuem para vinte e nove. E o grande vencedor foi a Espanha, que mais do que triplicou o seu poder de voto, pois passou dos oito votos de que dispõe para vinte sete, aproximando-se do estatuto dos países grandes.

O intergovernamental assume, assim, um certo retorno, e por forma bem pouco tranquilizadora, porque parece estar por detrás dele a formação de um directório das grandes potências dentro da Europa. E certos países pequenos e médios, colocados perante esta visão, sentir-se-ão tentados a aceitar soluções de tipo federalista, procurando acolher-se à sombra do renovado poder da Comissão.

Presentemente, há uma divergência essencial no próprio âmbito da Convenção. Romano Prodi, presidente da Comissão, apresentou um projecto ambicioso para o futuro da União Europeia, no qual, praticamente, aquele orgão assume as características de um governo federal europeu. Em paralelo, as outras instituições europeias de vocação supranacional movimentar-se-iam no sentido da conquista de poderes federais. Mas esta solução, em que a política externa seria assumida a nível supranacional, não tem sido vista com bons olhos pelos grandes países. É que o cerne da passagem ao Estado federal é precisamente a transferência da área da política externa para os órgãos centrais da União. A soberania monetária lá foi cedida pelos Estados, mas tal não implicou a perda das características essenciais de país soberano. Mas, quando for a política externa o objecto da transposição para os órgãos centrais, aí, possivelmente, haverá extinção da soberania no plano nacional. Ora, consciente de que certos países grandes não aceitariam as soluções propostas por Prodi, outro comissário, o britânico Christopher Patten, veio criticar publicamente as ideias propaladas pelo seu presidente, revelando-se que nem sequer no âmbito da Comissão há unidade de vistas quanto a estes aspectos. Para Patten, o projecto de Prodi não teria viabilidade. É de tal forma ambicioso que assusta, havendo, até, o perigo de suscitar uma reacção, em sentido contrário, de redução dos poderes à Comissão.

Por outro lado, países grandes vêm propor a criação do cargo de Presidente da Europa, sobretudo para assegurar a presença europeia nas relações internacionais. A figura, pelas suas características, parece assentar em políticos como Aznar ou Blair, porque o presidente teria de ser um ex-Primeiro Ministro, oriundo de um país grande...

Tudo isso é revelador do presente fervilhar de ideias e discussões. Há um embaraço grande por parte dos pequenos países. Uns são mesmo federalistas, e para eles é fácil de aceitar a ideia de Federação: é o caso do Luxemburgo, da Holanda e da Bélgica. Outros não são federalistas, mas alguns tenderão a pensar que, apesar de tudo, para evitar o predomínio dos grandes, seria melhor acolherem-se no âmbito de uma Federação. A questão está em saber se tal não seria escapar de Cila para cair em Caribdes...

É possível que a Comissão venha a fazer propostas excessivas, atenta a ambição que deixa transparecer. Elas não deixarão de ser filtradas nas negociações que decorrerão no âmbito da Conferência Intergovernamental de 2004, mas é provável que algumas das sugestões venham a ser acolhidas. Não haverá talvez alterações tão retumbantes como as de Maastricht, mas não é de surpreender que se materializem propostas dando substância a modificações importantes, designadamente em matéria de progressos no sentido da "constitucionalização".

Importa, aliás, reflectir sobre a aceleração que se tem imprimido ao projecto europeu. Avança-se demasiadamente depressa, apresentando-se soluções para que as opiniões nacionais não estão preparadas. Das raras consultas referendárias sobre os tratados europeus (regra geral, a respectiva rectificação tem-se processado sem problemas por via parlamentar), quase todas se têm traduzido ou pela rejeição, ou por uma aprovação apenas tangencial, como foi o caso da própria aprovação de Maastricht pela França. A Dinamarca rejeitou o Tratado de Maastricht, corrigindo depois a sua posição. E reiterou recentemente a sua recusa de entrada para o regime da moeda única. A Irlanda repudiou o Tratado de Nice, estando em preparação um novo referendo, com o qual se procura conseguir a inversão do primeiro resultado.

Está-se, na verdade, a ir longe demais, e as populações não se mostram preparadas para assumir certas mudanças decididas pelos governantes. Em particular, aquelas não deixariam de opor resistência a que se acordasse na transposição do ponto em que a soberania internacional dos Estados se extingue, passando os mesmos a constituir meras entidades federadas dentro de um contexto em que o poder federal se torna soberano.

O TRATADO DE NICE – UM CONTRIBUTO MODESTO PARA A CONSTRUÇÃO EUROPEIA (*)

1. O Tratado de Nice introduziu importantes alterações na regulação da cooperação reforçada, que fora introduzida pelo Tratado de Amesterdão.

Nos domínios em que esta era já admitida (o primeiro e o terceiro pilares da União Europeia), foi suprimida a parte das correspondentes disposições em que era conferido aos Estados membros discordantes o direito de veto. Continua a ser possível levar o assunto ao Conselho Europeu, mas a deliberação cabe ao Conselho, que se pronuncia por maioria qualificada. Por outro lado, o número mínimo de países iniciadores de um processo de cooperação reforçada deixa de ser definido como constituindo a maioria dos Estados membros, apenas se exigindo a partir de agora que seja de oito Estados membros. Trata-se, é certo, da maioria, na composição actual da União, mas com os próximos alargamentos a nova versão do preceito virá permitir que a iniciativa passe a caber a uma minoria de Estados.

A principal inovação no domínio da cooperação reforçada reside em se ter admitido que o processo opere também no segundo pilar – política externa e de segurança comum –, no qual, pelo melindre da matéria, tocando o âmago da soberania, não se havia admitido no regime de Amesterdão a integração diferenciada. E foi a particular delicadeza das questões abordadas no âmbito da PESC que levou a revisão de Nice a submeter as decisões relativas à instituição de cooperação reforçada, neste domínio, precisamente à mesma condição de unanimidade que se suprimiu para os outros pilares.

Em síntese, a cooperação reforçada no Tratado de Nice aparece generalizada aos três pilares, passando a operar com mais flexibilidade no primeiro e no terceiro e sendo introduzida, com grande prudência, no

(*) Outubro de 2002.

segundo – onde, além do mais, explicitamente ficam excluídas do seu âmbito as questões com implicações militares ou no sector da defesa.

2. Foi no plano institucional que, na perspectiva do alargamento da União Europeia pela adesão dos doze países candidatos (dez estados da Europa Oriental e dois Estados insulares mediterrânicos), o Tratado de Nice trouxe as mais significativas modificações. Os aspectos focados, que se identificam com os chamados "left-overs" de Amesterdão, eram a ponderação de votos nas deliberações do Conselho e a composição da Comissão. As discussões em torno de ambas as questões reflectiram o confronto de posições entre os países grandes e os países médios e pequenos, o qual dominou as negociações do Conselho Europeu de Nice.

Os países grandes – Alemanha, França, Reino Unido e Itália, aos quais soube juntar-se a Espanha – estavam preocupados com o declínio da sua influência no Conselho, que resultaria das novas adesões, caso se mantivesse a chave de votação actualmente praticada. Os países médios e pequenos queriam sobretudo evitar que a Comissão deixasse de ter na sua composição nacionais de todos os Estados membros.

O resultado da revisão de Nice foi o estabelecimento de novas ponderações para as votações no Conselho, matéria em que os países grandes reforçaram o seu peso relativo – basta notar que os quatro maiores deterão, a partir de 1 de Janeiro de 2005, cada um deles 29 votos (e a Espanha, que regista a maior subida relativa, 27), enquanto Portugal, a Bélgica e a Grécia passaram a dispor de apenas 12 votos cada. Ou seja, os grandes praticamente triplicaram o número de votos que lhes estava atribuído (a Espanha mais do que triplicou o seu), ao passo que os citados países médios pouco mais do que duplicaram o respectivo número de votos. É deste resultado, entre outros aspectos, que decorre a imagem de um "directório" dos maiores países, imagem que explica a prevenção dos Estados médios e pequenos em relação à forma como vai evoluindo o processo de integração.

Sublinhe-se que a ponderação de votos no Conselho assume importância crucial em face da redução dos casos de votação por unanimidade e do alastramento das situações contempladas no Tratado em que a decisão é tomada por maioria qualificada.

Para as decisões por maioria qualificada, o número de votos que é necessário reunir (o qual, até ao presente, é de 62 num total de 87 votos) passa a ser de 169 num total de 237. É ainda exigido que se verifique o voto em sentido favorável da maioria dos Estados membros se a propositura do acto couber à Comissão, e de dois terços nos restantes casos. E há ainda uma condição, que representou uma compensação dada à Alemanha por, a despeito de ter uma população significativamente superior à dos demais Estados grandes, não ter obtido o correspondente número de votos na ponderação atribuída. Trata-se da chamada "verificação demográfica" – verificação de que os Estados membros que compõem a maioria qualificada representam pelo menos 62% da população total da União. Esta condição, que pode ter como efeito impedir que a decisão seja adoptada, não opera por forma automática, devendo ser explicitamente solicitada pelo Estado membro interessado na sua aplicação.

Foi prevista, em Declaração anexa ao Tratado, relativa ao alargamento da União Europeia, na qual se fixa a "posição comum" dos Estados membros a assumir nas conferências de adesão, que após a adesão do 27.º Estado (o que supõe a conclusão com êxito das negociações com os actuais doze candidatos), a atribuição de votos aos novos membros – fixando-se em 27 os da Polónia, dado que a sua população é sensivelmente da ordem da da Espanha, em 12 os da República Checa e da Hungria, em termos demográficos muito equiparadas a Portugal, Bélgica e Grécia, etc.–, levará a que o "quorum" passe a 255 em 345 (73, 91%).

Como já foi referido, aspecto significativo da revisão de Nice foi a redução dos domínios em que da votação por unanimidade no Conselho se passará à votação por maioria qualificada. Esta passagem opera por forma imediata (ou seja, a contar da entrada em vigor do Tratado de Nice), em cerca de duas dúzias de casos, cobrindo aspectos tão diferentes como a livre circulação dos cidadãos, a representação da Comunidade a nível internacional no âmbito da união económica e monetária, a conclusão de acordos internacionais relativos a ao comércio de serviços e a aspectos comerciais da propriedade intelectual, a cooperação com terceiros países, a nomeação do presidente e demais membros da Comissão.

Em alguns casos, a introdução de votação por maioria qualificada é deferida. É o caso da deliberação sobre as perspectivas financeiras plurianuais, em que, por insistência da Espanha, só a partir de 1 de Janeiro de 2007 será posto de lado o actual regime de voto unânime.

Estando o quadro geral de financiamento pelos fundos comunitários já fixado, com base na "Agenda 2000", para o período 2000-2006, parece justificar-se o diferimento da introdução do novo sistema de votação nesta matéria para 2007.

A despeito do sensível alargamento do domínio da tomada de decisões por maioria qualificada, saliente-se que sectores muito importantes

– como é o caso da política fiscal e de determinados aspectos da política social, designadamente a segurança social e a representação e defesa colectiva dos trabalhadores – não foram tocados por esta modificação, continuando submetidos ao regime de votação por unanimidade. Não é de surpreender que o Reino Unido se tenha distinguido na veemência da oposição à passagem, nestas áreas, à maioria qualificada.

No que respeita à composição da Comissão, o resultado das difíceis negociações na conferência intergovernamental que culminou com o Conselho Europeu de Nice foi a renúncia pelos maiores Estados ao segundo comissário que actualmente detêm (por vezes apresentada como compensando, de alguma forma, o acréscimo do seu poder de voto no Conselho), e a permanência da regra segundo a qual a Comissão é composta por nacionais de todos os Estados membros. Esta alteração operará a partir de 1 de Janeiro de 2005. Por se ter entendido que o alargamento do número de membros da Comissão, à medida que se efectivarem as novas adesões, impediria, a partir de determinado ponto, o eficaz funcionamento do orgão – o que é, aliás, discutível –, acordou-se que, a partir da adesão do vigésimo sétimo Estado membro, o número de comissários passará a ser inferior ao dos Estados, estabelecendo o Conselho, por unanimidade, um sistema de rotação paritário entre os Estados membros. A qualificação como "paritário" revela que, ao menos neste domínio, a igualdade dos Estados foi respeitada...

Nas negociações de Nice os membros da Comissão parecem ter sido encarados mais como representantes dos Estados de que são cidadãos do que como individualidades independentes norteadas em exclusivo em função dos interesses da Comunidade, o que representa grave distorção da visão consagrada nos Tratados.

3. No que se refere à composição do Parlamento Europeu, os actuais Estados membros tiveram de renunciar, com efeitos a partir de 1 de Janeiro de 2004, a certo número de eurodeputados – a fim de poder ter-se em conta o afluxo de representantes decorrente das adesões dos actuais países candidatos. Só o Luxemburgo e a Alemanha mantiveram as respectivas representações. No caso alemão, trata-se ainda de uma compensação para a aceitação de uma ponderação de votos no Conselho igual à de países com população substancialmente inferior – aceitação que terá resultado de obstinação da França, receosa de, ficando distanciada do primeiro país na ponderação dos votos, se ver relegada para uma segunda linha em termos de prestígio e de influência.

Passa a limitar-se a 737 (actualmente, 700) o número de membros do Parlamento Europeu.

4. O texto de Nice comporta alterações em matéria de nomeação da Comissão (deixam de ser os Governos dos Estados membros a designar por comum acordo a pessoa que pretendem nomear, passando a ser o Conselho, reunido a nível dos Chefes de Estado e do Governo, que se pronuncia sobre este assunto por maioria qualificada), e ainda quanto ao papel e atribuições do presidente da Comissão, o qual passa a definir as orientações políticas para actuação da instituição, reparte as competências entre os seus membros, e detém o poder de exigir a demissão de um membro da Comissão, mediante prévia aprovação pelo colégio dos comissários. Esteve presente, quanto a este último aspecto, a lembrança das vicissitudes por que passou a Comissão presidida Jacques Santer: na impossibilidade de poder suscitar-se o afastamento de um ou alguns comissários, e perante a iminência da aprovação pelo Parlamento Europeu de uma moção de censura atingindo colegialmente a instituição, veio a verificar-se a cessação colectiva de funções por parte da Comissão.

5. O Tratado de Nice trouxe profunda alteração do sistema jurisdicional comunitário. A missão, até agora atribuída por forma exclusiva ao Tribunal de Justiça das Comunidades Europeias, de assegurar o respeito do direito na interpretação e aplicação do Tratado, passa a ser explicitamente reconhecida também ao Tribunal de Primeira Instância.

Este Tribunal adquire competência generalizada para o exame de recursos interpostos não só por pessoas físicas e jurídicas, mas também pelos Estados membros e instituições comunitárias. Por outro lado, podem agora ser agregados ao Tribunal de Primeira Instância "câmaras jurisdicionais" para se ocuparem de assuntos específicos. O Tribunal poderá, assim, vir a assumir o carácter de uma segunda instância numa hierarquia, em três graus, dos tribunais comunitários.

Embora as questões prejudiciais continuem, em princípio, a caber na esfera de competência exclusiva do Tribunal de Justiça (visando-se uma interpretação uniforme do Direito Comunitário), é agora previsto que o Estatuto do Tribunal de Justiça possa atribuir à jurisdição de primeira instância a competência para questões prejudiciais em matérias específicas – podendo o Tribunal de Justiça proceder a reexame, se estiver em risco a unidade e coerência do direito comunitário.

O Tribunal de Primeira Instância passa, assim, a poder conhecer dos recursos de anulação e por omissão, e dos relativos ao ressarcimento de prejuízos derivados da responsabilidade extracontratual da Comunidade e a litígios entre esta e os seus agentes, e a sua esfera de acção poderá, como se viu, vir a abranger as próprias questões prejudiciais.

Mas os recursos por incumprimento (dirigidos contra os Estados membros) permanecem na exclusiva competência do Tribunal de Justiça.

6. O Tratado da União Europeia foi objecto de outras modificações aprovadas no Conselho Europeu de Nice. No que respeita ao domínio dos "princípios", onde se contemplavam desde o Tratado de Amesterdão os casos de violação grave, Nice vem acrescentar a verificação, por maioria de 4/5 dos membros do Conselho, da existência de um risco evidente de violação grave. Este aditamento teve sem dúvida, origem na situação que se verificou há pouco tempo no caso da Áustria, e em face da qual a União não dispunha de meios próprios de reacção. Mas adensa-se, até pela dificuldade de identificar o "risco evidente", o perigo da intervenção da União Europeia na esfera interna dos Estados membros.

Aliás, na nova versão do n.º1 do artigo 7.º o caso austríaco esteve sem dúvida presente, ao referir-se que o Conselho pode pedir a personalidades independentes a apresentação, dentro de um prazo razoável, de um relatório sobre a situação do Estado membro em questão. Foi precisamente este o meio utilizado para solucionar o imbróglio austríaco, permitindo aos catorze salvar a face ao porem de lado as sanções sem que, na realidade, algo tivesse mudado no panorama político do país visado.

No segundo pilar – esfera da PESC –, a assunção pela União Europeia de compromissos directos de defesa, designadamente sob a forma de constituição da prevista força militar autónoma permitindo fazer face a crises internacionais, levou à reestruturação dos orgãos de comando (o Comité Político passando a designar-se Comité Político e de Segurança) e ao desaparecimento das referências à União da Europa Ocidental, até aqui qualificada como proporcionando à União o acesso a uma capacidade operacional, designadamente para missões de gestão de crises.

No terceiro pilar foi contemplada a extensão da cooperação em actividades judiciárias, sendo instituída a Unidade Europeia de Cooperação Judiciária (Eurojust).

O âmbito da competência do Tribunal de Justiça das Comunidades Europeias sofreu ligeira ampliação, passando a abranger, além das disposições do Tratado da União Europeia já constantes da versão actual, a apreciação de litígios relativos à aplicação do preceito atinente ao risco de violação dos princípios em que se funda a União, mas só no que respeita às questões processuais.

Resulta esta limitação a aspectos adjectivos da circunstância de a verificação do risco de violação envolver apreciações de carácter político, para que o Tribunal de Justiça não está vocacionado.

7. Não tendo havido dificuldades em se operar a ratificação por via dos parlamentos nacionais, processo que foi seguido em catorze Estados membros, o Tratado de Nice foi objecto de inesperada rejeição por parte do eleitorado irlandês, no único caso em que a via utilizada foi o referendo.

Muito se discutiu sobre a motivação que terá levado a esta rejeição: falou-se da recusa em se aceitar a crescente inclusão de questões militares e de defesa nas competências da União, atenta a tradicional neutralidade da Irlanda; na perspectiva de perda do apoio dos fundos estruturais em face da entrada de grande número de Estados membros com níveis de desenvolvimento mais baixos; no desagrado que despertou a acentuação da divergência, em termos de poder, entre os grandes e os pequenos países; na preocupação pela progressiva perda da identidade nacional no quadro de um processo de integração cada vez mais absorvente. Ora, não sendo a Irlanda um país que, como a Dinamarca ou o Reino Unido, se tenha distinguido por posições anti-integracionistas, o resultado do referido referendo, a somar-se a outras situações em que, consultado o eleitorado sobre novos tratados europeus, a resposta terá sido negativa ou frouxamente positiva, traduz a existência de um desfasamento entre a opinião pública e a classe política, em termos de a primeira não acompanhar os avanços no sentido federalista a que a segunda vai cedendo.

Tal como no caso da Dinamarca em relação ao Tratado de Maastricht, Nice foi objecto de um segundo referendo na Irlanda – realizado em 19 de Outubro de 2002. E também aqui o sinal se inverteu tendo, assim, desaparecido o obstáculo à entrada em vigor do novo Tratado. O que não se sabe é o que teria acontecido se a via do referendo tivesse sido adoptada no processo de ratificação de outros países, incluindo os grandes... A verdade é que a repetição dos referendos nos casos de haver, num primeiro, resultados negativos vai sendo praticada com êxito. Tratando-se, até agora, de pequenos países, dir-se-ia que se condescende em lhes dar a oportunidade de corrigirem a posição assumida, como se o primeiro referendo não tivesse passado de mero exercício preparatório, que saiu errado...

Para a inversão do resultado terão contribuído, na Irlanda, a melhor apresentação dos argumentos pró-integração na segunda campanha, uma mais completa informação por parte do Governo, o peso do sentimento de culpa de, através da rejeição, se impedir a entrada dos países candidatos para a União, e o avolumar do receio das consequências políticas e económicas que teria para o país o seu distanciamento em relação ao processo de integração europeia.

8. Preocupação dominante da conferência intergovernamental que precedeu a aprovação do Tratado de Nice foi realizar as mutações institucionais indispensáveis ao funcionamento da União comportando os novos Estados membros. Sob este ponto de vista, ainda que ao preço de aumentar a desigualdade entre os grandes e os restantes, ou da acrescida complexidade das regras de votação no Conselho (que passam a supor a presença cumulativa de três exigências, constituindo o chamado "triple lock" – relativas à maioria dos Estados membros, ao apuramento da maioria qualificada, com base nas novas ponderações dos votos, e à verificação demográfica), Nice terá atingido o seu objectivo, que era o de resolver os "left-overs" de Amesterdão.

Por outro lado, como ficou referido, as condições de recurso à cooperação reforçada tornaram-se mais maleáveis, o que deixa antever a superação da paralisação do funcionamento deste dispositivo, que parecia decorrer da fórmula de Amesterdão.

O abandono da regra da unanimidade em numerosas matérias constitui um sinal da gradual federalização que cada novo Tratado vai introduzindo no âmbito da União.

9. O Tratado de Nice não trouxe, porém, qualquer mudança fundamental na arquitectura da União Europeia ou nas relações de poder entre os seus orgãos. A estrutura em pilares e a respectiva caracterização não sofreram alterações. Os passos no sentido do reforço dos traços supranacionais, embora visíveis, não têm grande expressão. Como foi dito, em pontos nucleares, com a política fiscal ou a política social, a exigência de voto unânime no Conselho não cedeu.

As grandes questões em torno do futuro da integração europeia, de que avulta a discussão em torno da finalidade federal e da constitucionalização, ficaram adiadas. Nice, tal como Amesterdão, ou como o Acto Único, longe de constituir marco fundamental no processo de integração, como foram Roma ou Maastricht, não passará provavelmente do rodapé nas páginas da futura história do movimento europeu.

Mas, havendo intervalos cada vez menores entre cada tratado e o anterior, não poderia razoavelmente esperar-se que fossem lançados grandes projectos integracionistas em cada novo tratado europeu.

10. Sob o ângulo da sistematização e da intelegibilidade dos tratados, Nice terá começado a destruir a arrumação que três anos antes fora conseguida em Amesterdão.

Foram muito numerosas as modificações introduzidas nos tratados, regressando-se ao expediente de numerar, com as siglas A, B, e seguintes, os novos artigos intercalados nos tratados (por exemplo, no Tratado da União Europeia a cooperação reforçada no âmbito da PESC foi responsável pela inserção dos artigos 27.º-A até 27.º-E; no Tratado da Comunidade Europeia, acrescentou-se, na parte III, um novo título XXI, epigrafado "Cooperação económica, financeira e técnica com terceiros países" (artigo 181.º-A).

11. Eis, em resumo, o conteúdo e as características de um Tratado europeu que, embora venha resolver, pelo menos a curto prazo, o problema institucional do alargamento da União Europeia, tem a marca de uma excessiva complexidade e falta de transparência, não contribuindo para aproximar a opinião pública dos progressos da construção jurídica da União Europeia.

O reconhecimento, pelos seus próprios autores, das insuficiências e da curteza de vistas do Tratado explica a Declaração a ele apensa sobre o futuro da União, apelando a "um debate mais amplo e aprofundado sobre o futuro da União Europeia". Deste assunto se incumbiu o Conselho Europeu na sua reunião de Laeken/Bruxelas, em Dezembro de 2001, ao tomar a iniciativa de convocar uma "Convenção" para se abordarem os grandes temas de reflexão, previamente à convocação, em 2004, de uma nova conferência intergovernamental visando introduzir as correspondentes alterações nos Tratados europeus.

O Tratado de Nice admite, assim, a sua própria provisoriedade. E, ao incluir, entre os temas para uma próxima reflexão, a simplificação dos Tratados, "por forma a torná-los mais claros e mais compreensíveis", deixa antever uma profunda reestruturação do ordenamento de base da União Europeia, por forma a se suplantar o emaranhado normativo em que ao texto de Roma se sobrepuseram, com visíveis dificuldades de articulação, os do Acto Único, de Maastricht, de Amesterdão e de Nice.

De resto, durante o período que medeou entre a rejeição da Irlanda e o segundo referendo nesse país, ter-se-á admitido que o Tratado de Nice não viesse a sair à luz, e que em tal circunstância poderia processar-se a passagem directa do normativo de Amesterdão para o texto a ser aprovado na próxima conferência intergovernamental.

Quando brevemente entrar em vigor – possibilitando, reconheça-se, a conclusão das negociações com os países candidatos e a sua adesão à União Europeia –, o Tratado de Nice fará uma chegada tardia, atendendo a que está já em marcha, sob o impulso da Convenção, uma remodelação global e de muito maior fôlego – à qual, algo pomposamente, se tende a associar o termo "Constituição".

II – OUTROS TEMAS COM REFLEXOS NA INTEGRAÇÃO

O SISTEMA FISCAL NO LIMIAR DO SÉCULO XXI (*)

SUMÁRIO

1. Fixação dos grandes modelos tributários.
2. A "reforma" da reforma fiscal em Portugal.
3. O limitado âmbito da substituição de tipos tributários.
4. A tentação dos métodos indirectos.
5. A superação do "legalismo" da reforma.
6. A envolvente externa.
7. A perspectiva das finanças federais.

1. Fixação dos modelos tributários.

Nas três últimas décadas, o movimento mundial de reformas fiscais processou-se em duas ondas sucessivas: primeiro foi a adopção generalizada do imposto sobre o valor acrescentado no domínio dos impostos sobre o consumo; depois, no terreno da tributação do rendimento, a orientação no sentido da redução das taxas e do alargamento das bases tributárias.

A primeira onda teve o seu ponto de irradiação na Comunidade Europeia, onde o modelo francês de "taxe sur la valeur ajoutée" foi adoptado e tornado extensivo aos demais Estados membros; a segunda dimanou dos Estados Unidos, com a publicação do Tax Reform Act de 1986.

Os modelos do imposto sobre o valor acrescentado e da tributação do rendimento, desdobrada esta no imposto único sobre as pessoas singulares e no imposto sobre as sociedades, encontram-se consolidados, não sendo de prever a sua substituição na estrutura dos sistemas fiscais.

Isto não significa que não existam contestações dos esquemas existentes, as quais têm tomado como alvo preferencial o imposto sobre o rendimento.

(*) O presente texto foi elaborado a partir de uma comunicação apresentada, em Abril de 1998, nas "Jornadas Fiscais" promovidas pela Universidade Lusíada.

Afloram elas em relatórios de comissões de reforma fiscal de vários países, e, em particular no caso dos Estados Unidos, em posições de responsáveis políticos que advogam a substituição do imposto sobre o rendimento por um tipo de tributação directa do consumo.

Propostas já antigas, na esteira de Nicholas Kaldor, defendiam a instituição do imposto sobre a despesa pessoal e progressivo (expediture tax; consumer income tax; personal comsumption tax): a base de tributação é aqui a despesa de consumo, representada pela totalidade dos rendimentos das diferentes fontes, deduzida a poupança (contribuições para contas bancárias, aquisição de acções e obrigações), a que se aplicariam taxas progressivas.

Recentemente, foi dado grande relevo à proposta do "flat tax": tributação da totalidade do consumo a uma taxa única, que se operaria em dois níveis: ao nível das pessoas singulares para os rendimentos do trabalho, aplicando-se ampla isenção de base, destinada a introduzir certa progressividade no sistema; ao nível das empresas para os rendimentos do capital, sendo deduzidos os custos e investimentos, incluindo os custos da mão-de-obra, tributados ao nível das pessoas singulares à mesma taxa.

Qualquer que seja o apelo teórico destas propostas, parecem ser reduzidas as probabilidades de se levarem à prática. Têm sido repetidamente enunciados os principais problemas que envolveria a convolação da tributação do rendimento para a tributação directa do consumo, desde a dificuldade de se limitar o âmbito da poupança a ser deduzida até à de renegociar a densa rede de acordos internacionais que se baseiam nos tipos fiscais clássicos.

Para os países, cada vez em maior número, que já possuem amplo sistema de tributação do valor acrescentado, pareceria, aliás, que a passagem à base de consumo de tributação directa representaria uma inútil e supérfula duplicação. Compreende-se que seja nos Estados Unidos , onde o IVA não se encontra instituido, que se dê mais ouvidos às novas propostas.

Basta pensar no "pesadelo administrativo", na sugestiva expressão de um analista fiscal, que representaria a consagração de tais propostas para se poder concluir que o modelo da tributação do rendimento se encontra consolidado e, tanto quanto é possível prever, continuará a constituir o fulcro da tributação directa.

Desferidos em escala mais modesta, os ataques que especificamente visam o imposto sobre o rendimento das sociedades – umas vezes, como o pretendia o relatório Carter no começo dos anos 60, por integração total no imposto sobre o rendimento das pessoas singulares, outras por substituição por outros tipos tributários, como o próprio imposto sobre o valor acrescentado – não parecem destinados a ter êxito.

A despeito de múltiplas sugestões de soluções radicais de reforma, os modelos clássicos da fiscalidade contemporânea encontram-se, pois, fixados. Para a actual robustez dos impostos sobre o rendimento, terá, sem dúvida, contribuido o movimento no sentido do alargamento da base e da redução das taxas, que nuns casos por forma mais ousada, noutros mais timidamente, caracterizou a segunda onda de reformas atrás referida. Tudo indica que este movimento deverá prosseguir, mantendo-se a interligação dos dois aspectos (a redução e o alargamento) afim de se poder assegurar o pressuposto da neutralidade da receita.

Os impostos sobre o rendimento e os impostos sobre bens e serviços (de que o IVA é a principal figura) são, de longe, os elementos dominantes das modernas estruturas tributárias. Na União Europeia (dados de 1996), os impostos sobre o rendimento representam 34,1% e os impostos sobre bens e serviços 31,1% das receitas fiscais (compreendidas nestas as quotizações para a segurança social).

Tendo Portugal, em 1989, operado a passagem do sistema celular de tributação do rendimento para o sistema global (como o haviam feito a Espanha em 1978, a Itália em 1973, a Bélgica em 1963), uniformizou-se, no contexto da União Europeia, o modelo das grandes categorias fiscais – imposto sobre o rendimento das pessoas singulares, imposto sobre o rendimento das pessoas colectivas, imposto sobre o valor acrescentado.

Estas categorias encontram-se, pois, solidamente implantadas, não sendo de prever mutações radicais nos sistemas fiscais nacionais. Particularmente intocável, ao nível do modelo, é o imposto sobre o valor acrescentado, visto que a sua regulamentação presente constitui o produto de um esforço de harmonização que lhe confere natureza mais comunitária do que propriamente nacional.

2. A "reforma" da reforma fiscal em Portugal

Em Portugal, voltou recentemente a falar-se de reforma fiscal. Numa resolução do Conselho de Ministros de Julho de 1997 manifesta-se o propósito de empreender a "reforma fiscal da transição para o século XXI", a qual representaria, segundo o Governo, "a reforma da reforma fiscal dos anos 80".

A intenção, declara-se, "não é substituir todas as leis ou impostos existentes, pois muitos deles ou a estrutura em que se integram têm sentido e futuro ". Noutro passo, explicita-se que "no respeitante à tributação básica do rendimento e da despesa (IRS, IRC, IVA e IECs harmonizados) não se encara uma alteração da filosofia de base destes impostos, mas tão somente a correcção de mecanismos que se mostram inadequados ou disfuncionais em relação à consecução dos objectivos enunciados".

As "linhas programáticas e estratégicas para a reforma" são apresentadas em termos algo vagos: referem-se como objectivos a estabilidade do sistema, a redução das desigualdades, a promoção do desenvolvimento sócio-económico, tudo metas respeitáveis, mas não se analisa a forma de articulação destes objectivos.

Em outra passagem, em que se abordam "as grandes ordens de finalidades", surge em primeira linha a produção de receitas para fazer face às despesas públicas, vindo depois a igualdade e o desenvolvimento, e adicionando-se uma referência à qualidade do sistema (pela desburocratização e recurso a novas tecnologias) e à comodidade dos cidadãos. Mas nada se adianta quanto à hierarquização destes objectivos e à forma de arbitrar perante situações de conflito entre alguns deles, só ao de leve se fazendo alusão, entre outros "factores envolventes", a importantes constrangimentos externos, ligados às "perspectivas de coordenação fiscal no âmbito da Comunidade Europeia e do enquadramento internacional da tributação".

Algumas das alterações propostas para o imposto sobre o rendimento das pessoas singulares e para o imposto sobre o rendimento das pessoas colectivas não merecem nota crítica.

Quanto ao primeiro, é afirmado o propósito de o aproximar da "filosofia originária".

Para além de aperfeiçoamentos na definição da incidência de várias categorias de rendimentos, designadamente os de capitais e prediais, as modificações advogadas centram-se no desagravamento progressivo da fiscalidade incidente sobre os trabalhadores por conta de outrém, na transformação de abatimentos à matéria colectável em deduções à colecta, na redução gradual do número de taxas liberatórias, só muito cautelosamente (por referência a que se trata de questões a ponderar) se admitindo o estabelecimento da comunicabilidade das perdas suportadas por certa categoria de rendimentos.

Não se contendo na proposta da "reforma de transição para o século XXI" qualquer explicitação do que se entende por "filosofia originária" do imposto sobre o rendimento das pessoas singulares, torna-se difícil descortinar o fio condutor das mudanças preconizadas.

Tudo parece confinar-se a revisões pontuais da estrutura deste imposto, algumas positivas, como a "abertura à criação de condições para a tributação separada como opção" (aspecto que a reforma do final da década de 80 ponderou seriamente, hesitando perante as dúvidas suscitadas pelo texto constitucional), outras discutíveis, como é o caso da sugestão da "colecta mínima" nas categorias B e C.

Se a filosofia básica do imposto é a unicidade, são bem tímidas as alterações que se sugerem. As categorias continuarão a ser as mesmas, com maior ou menor revisão do conteúdo de algumas delas, não se progredindo da fórmula analítica para a sintética; as taxas liberatórias continuarão a praticar-se; a comunicabilidade das perdas uma vez mais é recusada para as categorias onde sensivelmente o problema se suscita.

Outros aspectos das propostas terão de ser minimamente precisados para se poder apreciar o seu significado: veja-se a alusão à "eventual alteração dos níveis de taxas, e do número de escalões" – sem referência directa, note-se, a uma revisão de limiares dos escalões –, ou a menção feita à "reanálise das despesas dedutíveis".

No plano do imposto sobre o rendimento das pessoas colectivas é ainda mais visível o propósito de limitar as alterações preconizadas a retoques que em nada afectam a estrutura básica desta figura fiscal, avultando a intenção de diminuir progressivamente a taxa do IRC.

Quanto ao imposto sobre o valor acrescentado, os constrangimentos comunitários impediriam, de qualquer modo, mudanças radicais.

3. O limitado âmbito da substituição de tipos tributários

Sendo "matéria consensual", como se refere no relatório subjacente ao projecto da resolução do Conselho de Ministros, entretanto aprovada, a existência dos impostos "comunitários" e do IRS e IRC, compreende-se que o Governo considere que a tributação do património é o ponto fulcral da reforma: aqui é possível, na verdade, fundir ou combinar os tipos tributários ou até mesmo substitui-los integralmente, como parece ser agora a hipótese mais provável. Ponderadas as várias soluções adiantadas, ter-se-á concluido pela extinção da sisa e do imposto sobre doações e sua substituição em conjunto com a contribuição autárquica, cujo modelo se propõe que seja reformulado de raíz.

Ao mesmo tempo, anuncia-se a publicação da uma lei geral tributária (instrumento de inegável utilidade, mas que na anterior reforma não se considerou prioritário, por os grandes princípios se encontrarem consagrados no Código de Processo Tributário e nos Códigos das grandes categorias fiscais) e de Códigos incorporando a revisão das regras do imposto de selo e certos impostos especiais sobre o consumo.

Mais do que uma nova reforma, está-se perante complementos da anterior, já que as mutações mais radicais respeitam a categorias relativamente menores ao nível da estrutura da receitas. É, na verdade, muito reduzido o peso relativo dos impostos sobre o património, que no conjunto da União Europeia não excedem 4,3% das receitas fiscais totais e que entre nós não representam mais do que 2,5% do total dessas receitas.

Trata-se, apesar disso, de um sector de grande delicadeza, pois se está em na presença de formas fiscais "irritantes", particularmente sensíveis para o contribuinte (por oposição aos tipos tributários "anestesiantes"), e em que as soluções preconizadas podem fazer ressurgir conhecidas reacções às opções de tributação da fortuna, com possíveis efeitos de deslocação dos potenciais contribuintes para paragens fiscalmente mais amenas.

4. A tentação dos métodos indirectos

Há, no entanto, questões importantes a dilucidar, podendo a tomada de posição ao seu respeito afectar aspectos da"filosofia básica" do imposto sobre o rendimento: é o que se passa quando a intenção de introduzir, como meio de combate à evasão e fraude fiscal, que se reconhece estarem generalizadas, métodos indirectos de determinação do rendimento colectável.

Em reacção contra o anacrónico sistema de tributação dos rendimentos normais, a reforma dos anos 60 introduziu o princípio da tributação dos rendimentos reais, que a reforma de 1988, orientada para a consideração unitária do rendimento global do contribuinte, não podia deixar de consolidar e alargar no seu âmbito de aplicação. Na verdade, o conceito de capacidade contributiva, só apreensível na visão compreensiva do imposto do rendimento, implica que a idoneidade para contribuir não seja apenas fictícia, mas efectiva e actual.

A prever-se, em relação aos pequenos contribuintes, a aplicação generalizada de métodos forfetários ou sintéticos para qualificar a base de tributação, implicando a fixação de "coeficientes presuntivos" com referência aos vários sectores ou ramos de actividade, na base de parâmetros, não poderá deixar de facultar-se a opção pela tributação de rendimento real, com sujeição às suas obrigações contabilísticas que tal opção supõe.

O caminho não deve estar, porém, no regresso aos ultrapassados sistemas de tributação dos rendimentos normais, ou na generalização de fórmulas eufemísticas de apuramento de rendimentos "reais pressumidos": antes assentará, para além da difusão do sentido geral de reprovação para com aqueles que não cumprem os deveres fiscais, na melhoria da eficácia da administração fiscal – melhoria que, após a quebra do começo dos anos 90, parece estar a verificar-se, como o revela o reconhecido aumento da " eficiência tributária", posto em relevo no relatório do último Orçamento do Estado para se explicar que as receitas fiscais tenham crescido sem que se hajam elevado os impostos.

Sendo hoje pacífica entre os países economicamente evoluidos a aceitação do progresso que representou a consagração do princípio da tributação dos rendimentos reais, só na Itália se avançou no sentido da aplicação de métodos indiciários, aí se tendo dado consagração legal ao chamado "reditómetro", estabecendo qualificações automáticas de rendimentos em função de certos índices sinteticamente definidos, e implicando a inversão do ónus da prova, pois se transfere para o contribuinte o encargo de demonstrar que tais qualificações não se ajustam à sua situação concreta. Dada a dificuldade de, em grande número de casos, se efectuar com êxito tal demonstração, não surpreende que fiscalistas italianos tenham qualificado como "perversa" a tendência para o abuso destes dispositivos.

5. A superação do "legalismo" da reforma

Como nas reformas anteriores, é reconhecida nas actuais propostas a necessidade de completar a definição legal dos ajustamentos nas figuras tributárias com a introdução de medidas de remodelação das estruturas de aplicação (administrativas e jurisdicionais).

Esta intenção é hoje apresentada em termos de se superar o "tradicional legalismo" das reformas fiscais entre nós. Mas convém lembrar que também das outras vezes havia sido frisado que, longe de se esgotar em instrumentos legislativos, a reforma tem de comportar o aperfeiçoamento da estrutura da administração dos impostos, por forma a adequá-la às novas exigências de que é portadora. Em 1988, teve-se em vista, designadamente, dotar a fiscalização tributária de um sistema informático à altura da sofisticação atingida pelas principais figuras fiscais.

O problema é que o ângulo de criação normativa das reformas fiscais se esgota na publicação dos textos legais que as consagram, enquanto que a missão de apetrechar a administração fiscal para as tarefas que lhe são exigidas é executada por forma mais difusa e supõe uma persistência na realização que por vezes falha.

6. A envolvente externa

Os sistemas fiscais desenvolveram-se após a segunda guerra mundial num mundo relativamente fechado, em que eram ainda eficazes as fronteiras nacionais na limitação de movimentos de capitais.

A integração gradual das economias (globalização), a

possibilidade de se efectuarem aplicações financeiras em qualquer ponto do mundo induziram os países a entrar numa corrida à redução dos impostos que incidem sobre os factores mais "móveis" (os capitais), tendendo em contrapartida a acentuar-se a tributação dos factores "imóveis", como é o caso dos trabalhadores assalariados.

O problema da desigualdade da tributação do capital e do trabalho está longe de ser específico do caso português. Como se refere no relatório de 1996 sobre a evolução dos sistemas fiscais da União Europeia (relatório Monti), enquanto, entre 1980 e 1994, a média da taxa de tributação implícita sobre o trabalho por conta de outrém subiu de 34,7% em 1980 para 40,5% em 1994, tal taxa, em relação a outros factores de produção (capital, trabalhadores por conta própria, energia) desceu de 44,1% para 35,2%. A este propósito, criou "The Economist", quanto aos factores de maior mobilidade, a sugestiva imagem do "disappearing taxpayer".

Não se trata aqui, porém, apenas de desigualdade, mas também da erosão das matérias colectáveis por efeito da competição entre países, que leva à criação de regimes fiscais ultrafavoráveis em relação a actividades dotadas de mobilidade internacional – questão que se agravará ainda com o desenvolvimento do comércio electrónico e o desafio representado pela conclusão de negócios no "ciberespaço".

São limitadas as hipóteses de compensação da desejável redução de incidência sobre o factor trabalho pela tributação acrescida de fontes alternativas (aumento da carga sobre o consumo, introdução de impostos ambientais, no entanto sem grande capacidade de geração abundante de receitas).

É a propósito da necessidade de combater a concorrência fiscal prejudicial e evitar perdas demasiado importantes de receitas fiscais que se desenvolvem os recentes esforços de cooperação europeia em matéria de fiscalidade. Assim se retoma, de um ângulo novo, o projecto de harmonização fiscal que, a nível de soluções globais interessando o domínio de impostos directos, fracassou no passado.

Por uma resolução do Conselho ECOFIN de Dezembro de 1997 foi aprovado um "código de conduta no domínio da fiscalidade das empresas", envolvendo a qualificação como "potencialmente prejudiciais" de medidas fiscais que estabelecem um nível de tributação efectiva nitidamente inferior ao de que se aplica normalmente no Estado membro em causa e o compromisso do desmantelamento de tais medidas.

A par daquele código, foi aprovado um texto em que, com vista à consecução de um nível mínimo de tributação efectiva de poupança, a Comissão é convidada a apresentar um projecto de directiva envolvendo a prática por cada Estado membro da retenção na fonte quanto aos juros pagos nesse Estado a particulares residentes em outro Estado membro, ou o fornecimento recíproco de informações sobre os rendimentos da poupança.

Assumindo-se a resolução do Conselho como um "compromisso político", não se reveste naturalmente da imperatividade jurídica que teria o recurso aos tipos normativos clássicos do ordenamento comunitário.

Trata-se, porém, da abertura de um caminho que, atentas as exigências da união económica e monetária, não deixará de se traduzir em acrescidos constrangimentos da liberdade de acção dos Estados Membros no delineamento do seu sistema tributário.

Assim se vai adensando a envolvente externa das medidas de ajustamento estrutural do sistema fiscal português, numa perspectiva evolutiva que aponta para a consagração de certa forma de federalismo financeiro no plano da União Europeia.

Como se sabe, a dimensão actual e a estrutura actual do orçamento comunitário não se prestam ao exercício de funções de estabilização, que requerem uma massa de recursos muito maior em vista da consecução de efeitos macroeconómicos, nem às de redistribuição entre Estados membros.

Tendo-se os Estados membros despojado dos seus poderes em matéria de política monetária, em proveito de novo orgão supranacional, o

Banco Central Europeu, não poderá deixar de suscitar-se a necessidade de assunção, ao nível central, de aspectos importantes da política orçamental. É que, embora genericamente mantido o domínio nacional sobre a política orçamental, também nesta matéria se vêm cerceados pelas regras limitativas dos défices excessivos, definidas no Tratado da União Europeia e reforçadas no pacto de estabilidade.

7. A perspectiva das finanças federais

Desenha-se, assim, a perspectiva das finanças federais. Ela não está sequer prevista no modelo da união económica e monetária, caracterizado pela desigualdade entre a centralização da política monetária e a mera coordenação das políticas económicas dos Estados.

Mas a união monetária é poderoso catalizador do aprofundamento da integração. E, desde logo, o seu funcionamento postula a criação de instrumentos capazes de combater com eficácia os choques que venham a atingir especificamente a economia de certos países membros (os choques assimétricos).

O orçamento comunitário será chamado a desempenhar crescentes funções de estabilização e também de redistribuição à escala europeia. Mas, para tal, terá de ser transformado na sua estrutura e ampliado na sua dimensão, o que só poderá resultar de novas e específicas decisões atinentes ao aprofundamento da integração económica e da integração política.

8. Conclusão

1. Não se antevêm novas reformas fiscais globais, tão radicais como a que entre nós resultou da introdução do IVA e da passagem ao sistema unitário de tributação do rendimento.

Os grandes tipos fiscais são hoje consensuais. Só em categorias fiscais menores, como é o caso dos impostos sobre o partrimónio, se pode ainda operar uma mudança total do recorte das figuras.

Feita a aproximação dos modelos portugueses de tributação do rendimento aos que se encontram consagrados nos países da União Europeia (e da OCDE), as modificações a introduzir respeitam a aspectos da estrutura interna dos impostos, não à arquitetura do sistema.

Por seu turno, o IVA é cada vez mais uma figura fiscal comunitária, o que desde logo limita a margem de manobra na introdução de alterações de fundo, devendo, aliás, a prevista passagem ao sistema de tributação na origem implicar, entre outros aspectos, a aproximação das taxas.

2. É mister que as mudanças preconizadas reponham e respeitem a filosofia de base das categorias fiscais visadas, em particular o imposto sobre o rendimento das pessoas singulares, sendo nomeadamente de evitar ceder-se à tentação de, em nome do objectivo de combate à evasão, se regredir para a adopção generalizada de métodos de tributação arcaicos, baseados em indicadores grosseiros de capacidade tributária.

3. Nas alterações do sistema fiscal, a envolvente externa tende a afirmar cada vez mais a sua influência.

A globalização económica está a tornar-se responsável pelas distorções causadas pelo alívio da tributação sobre os factores mais móveis. A resposta ao desafio passa por esforços de harmonização, que no âmbito da União Europeia tendem a abranger áreas importantes dos impostos directos, nomeadamente as da tributação das sociedades e da poupança, e que, em atenção particularmente à liberalização dos movimentos de capitais, vêm completar a harmonização há muito avançada no plano dos impostos indirectos.

4. Mas a união económica e monetária traz novas exigências, e amplifica os constrangimentos da envolvente externa.

O aprofundamento da integração que a passagem à moeda única potencia aponta no sentido de um sistema de finanças federais – no qual, pela primeira vez (excepção feita à experiência de sector da CECA), poderão vir a ser criadas no futuro figuras fiscais autónomas ao nível da União, suscitando-se então não só a questão da repartição de receitas, como a da repartição das fontes de criação de receitas entre os dois níveis de poder, o da União e o dos Estados.

A FISCALIDADE DO SECTOR FINANCEIRO PORTUGUÊS EM CONTEXTO DE INTERNACIONALIZAÇÃO

INTRODUÇÃO (*)

1. Constituída com o específico propósito de estudar o regime fiscal do sector financeiro português e de propor as medidas de reforma desse sector que considerasse necessárias, devendo ter em atenção "os desafios que se lhe colocam provenientes da globalização dos mercados e do advento da União Económica e Monetária", a Comissão de Estudo da Tributação das Instituições e Produtos Financeiros desde logo se apercebeu de que, talvez mais do que desafios, estas novas realidades do enquadramento internacional da economia portuguesa representam fortes constrangimentos à elaboração de propostas de alteração ou de reforma do regime tributário do sector.

Às limitações decorrentes da adopção de dispositivos – a nível internacional e comunitário – de combate à concorrência fiscal prejudicial, passando pelo reconhecimento das restrições suscitadas pelas regras vinculativas da União Europeia em matéria orçamental, acresce, aliás, num outro plano, a necessidade de arbitrar o conflito entre o objectivo de introduzir estímulos fiscais para reforço de competitividade do sector financeiro e o desígnio, em sede de equidade, que inspira a presente fase de reforma fiscal, de contrariar o excesso de carga fiscal sobre os factores imóveis, "maxime" o trabalho dependente.

Mas os aspectos da globalização e da inserção do País na União Europeia foram, sem dúvida, os dominantes. Sendo certo que a integração num bloco regional de vastas dimensões, como é o europeu, constitui uma resposta dos Estados ao repto de mundialização, não é

(*) Introdução ao relatório da Comissão de Estudo da Tributação das Instituições e Produtos Financeiros, epigrafado "A Fiscalidade do Sector Financeiro Português em Contexto de Internacionalização" (Ministério das Finanças, Lisboa, Maio de 1999).

menos certo que muitos dos problemas atinentes à fiscalidade do sector financeiro se perspectivam no contexto mais amplo do mercado global. Os esforços de harmonização fiscal, empreendidos no plano comunitário, tendem, assim, a ser suplantados pela transposição desta dinâmica para o nível mais geral do mundo industrializado.

Podendo traduzir-se em instrumentos legislativos próprios da Comunidade Europeia, a harmonização tributária assume naturalmente, neste âmbito, carácter mais nitidamente vinculativo do que as fórmulas elaboradas nesse domínio em areópagos mais vastos, como é o caso da OCDE.

A tributação da poupança e a tributação do rendimento das sociedades são as principais matérias visadas pelo esforço da harmonização dos impostos directos. E aqui não deverá Portugal deixar de pugnar pela prossecução dos seus interesses, utilizando sem complexos, se necessário, o poder que lhe confere a regra da votação unânime, a qual continua válida para as deliberações comunitárias a nível da fiscalidade.

Seria preocupante que a União Europeia, no intuito de pôr termo à concorrência fiscal prejudicial, viesse a adoptar linhas de rigor nas relações internas da Comunidade que afectassem as suas condições de competitividade com o mundo exterior.

2. A internacionalização do sector financeiro português foi encarada numa dupla vertente: a do estímulo à penetração de instituições portuguesas no estrangeiro; a da melhoria de condições de atracção de operações financeiras para o País. Toda esta problemática se desenvolve no cenário complexo da mobilidade internacional dos capitais, quer a nível global, quer, reforçadamente, no contexto de normas comunitárias que esbatem a fronteira entre o mercado nacional e o comunitário.

A plena mobilidade internacional dos capitais a nível mundial, conjugada, no plano comunitário, com a observância do princípio do tratamento nacional no âmbito do mercado único – equiparando aos nacionais de cada Estado os dos restantes membros da União Europeia –, leva ao esbatimento dos contornos do conceito de sector financeiro português.

Na verdade, neste novo condicionalismo tende a esvair-se o controlo que as autoridades económicas nacionais tradicionalmente exerciam em relação à titularidade do capital de instituições financeiras operando no território nacional. Em face da crescente abertura do sector a entidades privadas, designadamente por via de um amplo programa de privatizações, e da aplicação das regras comunitárias sobre livre circulação e direito de estabelecimento, com realce para as específicas directivas nos domínios bancário e segurador, adensa-se o risco de passagem de segmentos significativos do sector financeiro para a detenção por não nacionais, ligados a centros de decisão situados fora do território português. Aquele risco é a inevitável consequência do avanço na integração – tal como, em outros planos, esse avanço implica o desaparecimento de instrumentos de política económica nacional, como é o caso das políticas monetária e cambial, uma vez instituída a união monetária.

Como referia "The Economist" anos atrás, a propósito da entrada de Portugal na então CEE, haveria dois possíveis futuros para o nosso País: tornar-se uma "pequena Califórnia na Europa", concentrando-se sobretudo nos sectores dos serviços e das transformadoras ligeiras, utilizando tecnologias e dedicando-se a fabricos do tipo dos do "Silicon Valley", ou acabar por ser "uma colónia permanente no interior da Europa", sendo as suas empresas objecto de compra por empresas de outros países. A experiência recente mostrou que a Irlanda enveredou, com o êxito que é conhecido, pela primeira opção, não sendo ainda claro qual o rumo que seguirá a economia portuguesa.

Sendo naturalmente desejável que um sector de importância estratégica, como é o financeiro, permaneça , na medida do possível, na titularidade de empresários portugueses, o factor central será a capacidade de estes se rodearem de condições de competitividade no espaço comunitário e no plano internacional em geral. A fiscalidade poderá dar um contributo para a realização deste desígnio, contributo que, todavia, está longe de ser determinante. A resposta aos desafios que estão lançados depende sobretudo da eficácia do esforço de modernização (o qual, aliás, se vem processando, com êxito assinalável, no contexto das instituições financeiras do País) e da adopção das adequadas estratégias pelos empresários nacionais do sector.

3. Tendo analisado, nos seus diferentes ângulos, o problema da revisão do regime fiscal das instituições e dos produtos financeiros, ponderando em particular a influência dos constrangimentos existentes, concluiu a Comissão que não seria aconselhável propor alterações radicais do sistema – alterações que, aliás, as próprias entidades do sector financeiro não reclamam –, mas antes sugerir ajustamentos no interior do sistema existente.

Com efeito, é sua convicção que o reforço da competitividade do sector financeiro passará não tanto pela introdução de novas medidas específicas da fiscalidade do sector – para além das já existentes, designadamente as que se ligam aos dispositivos proporcionados pelas zonas francas portuguesas (a coberto de condições irrepetíveis de ultra-perificidade) –, como pelo recurso a incentivos introduzidos a nível da fiscalidade das empresas em geral – por exemplo, pela prática de uma sensível redução das taxas do imposto sobre o rendimento das pessoas colectivas.

SOBRE O REGIME DE BENEFÍCIOS FISCAIS DAS SUCURSAIS FINANCEIRAS NAS ZONAS FRANCAS PORTUGUESAS (*)

1. Quando se deu início ao projecto da Zona Franca da Madeira, era dominante a visão da Zona Franca Industrial. O Decreto-Lei nº500/80, de 20 de Outubro, que veio autorizar a criação daquela zona franca, era explícito na afirmação de que esta revestiria "a natureza industrial, constituindo uma área de livre importação e exportação de mercadorias", e o respectivo preâmbulo referia como aspecto fulcral "o aparecimento de novos sectores industriais voltados para o desenvolvimento económico e social da Região". Devida consideração seria dada, dizia-se no artigo 5º, aos "condicionalismos resultantes das negociações visando a adesão de Portugal à CEE" – condicionalismos que ditaram, aliás, a exclusão da hipótese de "implantação de uma Zona Franca comercial de consumo, entendida com um regime de Porto Franco estendido a todo o território da região"[1].

O Decreto Regulamentar nº 53/82, de 23 de Agosto, veio ainda acentuar a versão clássica da Zona Franca da Madeira como "enclave territorial onde as mercadorias que nele se encontram são consideradas como não estando no território aduaneiro para efeito da aplicação de direitos aduaneiros, de restrições quantitativas ou medidas de efeito equivalente", prevendo-se que aquela zona (ou enclave) fosse exteriormente resguardada por uma vedação (art. 1º, nos. 1 e 2).

A possibilidade de serem autorizadas na Zona Franca actividades de natureza financeira (e não apenas as de natureza industrial e comercial) já era entrevista no diploma de 1982; mas toda a regulamentação, incluindo o regime de facilidades aduaneiras, estava então ajustada à visão da área

(*) Elaborado em Setembro/Outubro de 1996.

[1] Francisco Costa, "A criação da Zona Franca e a adesão à CEE e sua compatibilização e implicações no processo de desenvolvimento da Região", Lisboa, 1985, p. 6.

demarcada e localizada onde se efectuam transformações e outras operações de carácter industrial.

Embora com a referência, no preâmbulo, de que havia chegado a oportunidade de "regulamentar as actividades financeiras integrativas do escopo da Zona Franca da Madeira, consideradas como factor de desenvolvimento económico e social da Região", com o que procurava lembrar-se a continuidade com o projecto iniciado em 1980, o Decreto-Lei nº 163/86, de 26 de Junho, veio marcar a reformulação do conceito de Zona Franca, pelo relevo dado às operações financeiras internacionais e às instituições através das quais estas se realizariam.

No caso português, excluída à partida a visão tradicional da Zona Franca como mero entreposto comercial, cedo à perspectiva da Zona Franca industrial se agregou, assim, a óptica do centro financeiro internacional, novo passo na evolução do conceito de Zona Franca.

2. O Decreto-Lei nº 163/86 criou a figura das "sucursais financeiras exteriores", a serem constituídas na Região Autónoma da Madeira com vista à "realização de operações financeiras internacionais com não residentes em Portugal, sem sujeição às disposições da legislação relativa às instituições que exercem actividade nos mercados monetário, financeiro e cambial" (artigo 19º).

A evolução do quadro legal das sucursais financeiras que desde então se processou liga-se muito de perto a revisões do regime dos benefícios fiscais atinentes à respectiva actividade.

O diploma de 1986 esclarecia (artigo 2º, nº2) que as sucursais financeiras exteriores que viessem a instalar-se na Região Autónoma da Madeira fariam parte "da actividade desenvolvida no âmbito institucional da Zona Franca" "e como tal fazendo parte integrante daquela Zona".

Marcou-se, assim, a passagem de uma visão limitativamente territorial da Zona Franca, que havia prevalecido com referência ao sector das actividades de transformação industrial visando a exportação, para uma concepção mais ampla, de carácter institucional, em que assumia expressão o contexto internacional das operações financeiras com não residentes a partir da Madeira[2].

---

[2] A evolução do conceito de Zona Franca terá sido marcada pela criação, em 1959, da primeira Zona Franca industrial de exportação (Shannon, na Irlanda), e depois pelo aparecimento e desenvolvimento, a partir dos anos 60, dos centros financeiros "offshore". Cf. Boris Gombac, "Les Zones Franches en Europe", Bruxelas, 1991, p.35-37 e 47-49.

A autorização da constituição de sucursais seria concedida por Portaria do Ministro das Finanças (precedida de pareceres do Governo Regional e do Banco de Portugal), "de acordo com critérios de conveniência e oportunidade" (artigo 7º).

Não havendo qualquer requisito de afectação específica de capital à actividade da sucursal, estabelecia-se que as instituições que as constituíssem responderiam plenamente pelas operações das sucursais financeiras exteriores.

Às sucursais financeiras exteriores estava vedada a prática de operações financeiras a favor de residentes em território nacional, exceptuada a aplicação de recursos, especificamente autorizada pelo Banco de Portugal, em empreendimentos com interesse para o desenvolvimento da Região.

O diploma de 1986 foi alterado em diversos aspectos pelo Decreto-Lei nº 197/88, de 31 de Maio, o qual especificou, em desenvolvimento do artigo 3º, os critérios utilizados na apreciação da necessidade e oportunidade de criação da sucursal e determinou o compromisso de a instituição constituinte desta dotar a sucursal com um capital mínimo adequado e confiar a gerência a uma direcção com o mínimo de dois responsáveis.

3. O Decreto-Lei nº 35/89, de 1 de Fevereiro, veio estabelecer aquilo que o seu preâmbulo designa por "um regime mais flexível", visivelmente no propósito de assegurar ao cento financeiro da Região Autónoma da Madeira condições de atracção compatíveis com as existentes em centros congéneres.

Daí que, além da já referida excepção relativa à aplicação de recursos em empreendimentos com interesse para o desenvolvimento da Região, se tenha previsto a possibilidade de realização de operações com residentes no território nacional "nos termos e condições legais em que estes podem realizar tais operações com instituições financeiras estabelecidas noutro território cambial" (nº1 do artigo 49º), e ainda de operações com entidades estrangeiras actuando, devidamente licenciadas, no âmbito institucional da Zona Franca da Madeira (alínea b) do nº2 do mesmo artigo). Tratava-se, neste último caso, de assegurar, como se referia no preâmbulo do diploma, "uma desejável comunicabilidade com entidades que, devidamente licenciadas, actuem no âmbito institucional da Zona Franca".

O mesmo Decreto-Lei admitia que, em alternativa, a instituição requerente assumisse o compromisso de dotar a sucursal com o capital mínimo necessário, a fixar mediante despacho do Primeiro Ministro e do Ministro das Finanças, ou garantisse todas as operações da sucursal através dos seus capitais próprios.

Com o Decreto-Lei nº 234/90, de 17 de Julho, procedeu-se, por alteração do artigo 1º do Decreto-Lei nº 163/86, à enunciação das actividades financeiras admitidas, explicitando-se entre elas a actividade seguradora, para a qual a entidade supervisora seria o Instituto de Seguros de Portugal.

Todo este quadro legislativo, e bem assim o regime, entretanto estabelecido, relativo à actuação de "trusts off-shore", foi tornado extensivo à Zona Franca de Santa Maria pelo Decreto-Lei nº 323/91.

4. Aprovado pelo Decreto-Lei nº 298/92, de 31 de Dezembro, o Regime Geral das Instituições de Crédito e Sociedades Financeiras, que constituiu "a reforma da regulamentação geral do sistema financeiro português" (sectores de seguros e fundos de pensões excluídos) e transpôs para a ordem jurídica interna as principais directivas da integração financeira comunitária, permaneceu ainda durante algum tempo em vigor o regime específico das sucursais financeiras exteriores actuando no âmbito institucional das Zonas Francas.

O Decreto-Lei nº 10/94, de 13 de Janeiro, veio fazer a revisão do regime aplicável às instituições financeiras operando nas Zonas Francas, por se reconhecer que a transposição para o direito interno das directivas comunitárias relativas ao mercado único na área financeira também abrangia as entidades instaladas nas Zonas Francas.

Tendo revogado expressamente os diplomas de 1986 e 1991, que definiam o regime das sucursais financeiras exteriores, o Decreto-Lei nº 10/94 veio submeter a constituição de instituições de crédito ou sociedades financeiras, e a abertura de sucursais e agências das mesmas instituições ou sociedades, às respectivas "normas gerais" – incluindo assim a disciplina da actividade financeira exercida nas Zonas Francas no âmbito de aplicação do Regime Geral das Instituições de Crédito e Sociedades Financeiras – e às regras definidas no próprio Decreto-Lei nº 10/94[3].

Tornou-se, assim, possível a constituição, no âmbito institucional das Zonas Francas, de instituições de crédito de raíz, dentro da tipologia prevista no Decreto-Lei nº 298/92, e nos termos das disposições deste diploma reguladoras do seu processo de instalação e funcionamento.

5. Mas foi em relação às sucursais financeiras que o Decreto-Lei nº 10/94 introduziu uma importante inovação. Como se viu, no contexto de flexibilidade para que se orientara o Decreto-Lei nº 39/89, havia-se

[3] Cf. António de Jesus Pedro, "Instituições de Crédito e Sociedades Financeiras. Regime Geral-Anotado", Lisboa, 1994, p. 12-13.

admitido que as sucursais financeiras exteriores, primariamente vocacionadas para operações com não residentes, alargassem a sua actividade a residentes, sendo ainda autorizadas as operações entre entidades licenciadas no âmbito institucional da Zona Franca – assegurando-se nesse caso a comunicabilidade no interior da zona.

O diploma do início de 1994 veio consagrar, no plano da actividade financeira exercida através de sucursais ou agências, a criação, a par de sucursais financeiras exteriores, de uma outra figura, a das sucursais financeiras internacionais.

As primeiras manteriam a sua tradicional vocação para as operações com não residentes; as segundas poderiam operar também com residentes. O nº3 do artigo 2º do Decreto-Lei nº 10/94 precisava que o âmbito da actividade das sucursais financeiras exteriores excluía a realização de operações com residentes e "restantes entidades referidas na alínea c) do nº 1 do artigo 41º do Estatuto dos Benefícios Fiscais, na redacção que lhe foi dada pelo Decreto-Lei nº 84/93, de 18 de Março, nos termos e condições aí enunciados": eram estas entidades os não residentes, quando os respectivos rendimentos sejam imputáveis a estabelecimento estável localizado em território português e não instalado na Zona Franca. As sucursais financeiras internacionais, além de poderem operar com residentes, também o podia fazer com não residentes, incluindo os respectivos estabelecimentos localizados em território português.

A redacção do referido nº3 assinala o entrosamento da matéria do regime de instalação e funcionamento das instituições financeiras nas Zonas Francas com o respectivo regime fiscal.

6. O que se pretendeu com a dicotomia introduzida no campo das sucursais financeiras foi restringir às que fossem qualificadas de "exteriores" os benefícios fiscais estabelecidos em sede de impostos sobre o rendimento, ficando as "internacionais" sujeitas, nos termos gerais, àqueles impostos.

O Decreto-Lei nº 10/94 reconhecia implicitamente a prática anterior de operações com residentes, pois no nº 2 do artigo 4º dispunha que a classificação de entidades já anteriormente licenciadas como sucursais financeiras exteriores, para efeitos de aplicação dos benefícios fiscais relativos ao exercício de 1993, não seria prejudicada pelo facto de terem realizado operações com tais entidades[4].

---

[4] Como tem sido referido, a partir do Decreto-Lei nº10/94 a atribuição do benefício passou a depender da qualificação prévia da sucursal, em lugar de resultar, como antes, de "abstenção auto-imposta". Sobre este ponto: Maria Teresa Veiga Faria, "Estatuto dos Benefícios Fiscais. Notas explicativas", 3ª. Edição, Lisboa, 1995, p. 201-202.

A partir da entrada em vigor do Decreto-Lei nº 10/94, as sucursais financeiras que fossem classificadas de exteriores (classificação que resultaria de simples abstenção, durante certo prazo, de solicitarem a classificação como "internacionais") passariam, portanto, a não poder operar com residentes (ou não residentes com estabelecimento estável em território português, situado fora das Zonas Francas). Deixava, assim, de ser necessário proceder-se à destrinça, no âmbito dos rendimentos obtidos pelas referidas sucursais, da parte a que respeitasse o benefício fiscal previsto. As dificuldades inerentes à segregação contabilística dos resultados obtidos nas operações realizadas por uma mesma sucursal financeira exterior com residentes e com não residentes eram ultrapassadas através da autonomização da figura da "sucursal financeira internacional".

Sendo as sucursais financeiras internacionais entidades licenciadas ou instaladas na Zona Franca, e mantendo-se a equiparação, sem restrições, de tais entidades a não residentes, tornou-se possível a interligação entre elas e as sucursais financeiras exteriores, o que se considerava de grande importância para que se consolidassem, com respeito ao centro internacional de negócios da Madeira, condições competitivas com outros centros financeiros internacionais.

7. Tendo sido prevista inicialmente a concessão de benefícios fiscais com "carácter selectivo", em regime contratual, dependente dos critérios de prioridade económica e social que as autoridades regionais viessem a definir (Decreto-Lei nº 502/85, de 30 de Dezembro), cedo se enveredou para um regime de outorga automática dos benefícios definidos na lei às empresas que fossem autorizadas a instalar-se na Zona Franca da Madeira (Decreto-Lei nº 165/86).

É do diploma de 1986 que consta a data limite de 31 de Dezembro de 2011 para as isenções dos impostos então vigentes (contribuição predial, contribuição industrial e imposto complementar), respeitantes aos rendimentos derivados do exercício da actividade das empresas instaladas na Zona Franca da Madeira.

E no artigo 4º do mesmo diploma formula-se a exigência, relativamente às empresas cuja instalação viesse a ser autorizada, de contabilidade adequada, para que pudesse distinguir-se, clara e inequivocamente, o lucro das actividades exercidas na Zona Franca.

8. Com a introdução da reforma do sistema da tributação do rendimento, o regime dos benefícios fiscais relativos às Zonas Francas da

Madeira e da Ilha de Santa Maria passou a constar de um capítulo próprio do Estatuto dos Benefícios Fiscais, aprovado pelo Decreto-Lei nº 215/89, de 1 de Julho.

Do preâmbulo desse diploma (preâmbulo em que a questão das Zonas Francas não aflorava) constava o objectivo "de conferir um carácter mais sistemático ao conjunto dos benefícios fiscais", para além da preocupação de devidamente salvaguardar, em sede dos novos impostos sobre o rendimento – IRS e IRC –, os benefícios fiscais respeitantes a investimentos efectuados na vigência da legislação anterior.

Epigrafado "Das Zonas Francas", o capítulo em referência consta de um único – e longo – artigo: o artigo 41º. Como se sabe, a evolução legislativa desde a entrada em vigor do Estatuto não correspondeu à visão de estabilidade que parecia extrair-se das mencionadas referências do texto preambular; e sobre o artigo 41º vieram a incidir sucessivas alterações.

9. No regime legal dos incentivos fiscais estabelecido pelo Decreto-Lei nº165/86 não se fazia qualquer distinção em função da residência dos titulares dos rendimentos a que os incentivos diziam respeito. Era então manifestamente dominante uma concepção "localizada" da Zona Franca, como área concreta e delimitada para a qual se perspectivava "a promoção e captação de investimentos". O local do exercício da actividade era o requisito central e praticamente exclusivo.

Com a publicação do diploma em referência coincidiu no tempo, porém, a daquele que veio possibilitar a constituição e funcionamento de sucursais financeiras exteriores a instalar na Zona Franca da Madeira, a marcar a evolução da visão territorial própria da Zona Franca industrial para a perspectiva mais ampla do centro internacional de negócios.

Curiosamente, o regime de incentivos constante do Decreto-Lei nº165/86 foi definido na mesma data em que, por outro diploma, se regulou a figura das sucursais financeiras exteriores, a qual constitui a expressão típica da referida evolução. Isto revela um certo atraso do quadro fiscal envolvente da zona em relação ao alargamento das respectivas áreas de actividade.

Foi com o diploma relativo à constituição das sucursais financeiras exteriores que, com a referência a que "as sucursais financeiras exteriores que venham a instalar-se na Região Autónoma da Madeira fazem parte da actividade desenvolvida no âmbito institucional da Zona Franca, ... e como tal fazendo parte integrante daquela zona para todos os efeitos" (artigo 2º, nº2 do Decreto-Lei nº163/86), se lançaram as bases da realidade complexa em que se tornou o centro internacional de negócios da Madeira, compreendendo, para além da Zona Franca industrial, um centro financeiro internacional, um centro de serviços internacionais e um sistema de registo internacional de navios.

A introdução da figura jurídica do "trust" no âmbito da Zona Franca da Madeira, pelo Decreto-Lei nº352-A/88, de 3 de Outubro, foi particularmente reveladora de uma preocupação de dotar o centro internacional de negócios de instrumentos jurídicos entre nós não praticados, por serem específicos de países da "common law", mas que se tornava indispensável acolher por se encontrarem consagrados em centros internacionais concorrentes.

10. Sendo característica fundamental dos centros internacionais de negócios a existência de facilidades fiscais traduzidas na isenção de impostos sobre rendimentos pagos a não residentes, o regime tributário consagrado no Estatuto dos Benefícios Fiscais em relação às Zonas Francas dos dois arquipélagos portugueses, além de adaptar ao novo quadro de impostos os benefícios já antes estabelecidos, veio declarar "isentos de IRS e de IRC os rendimentos pagos por entidades instaladas nas Zonas Francas e utentes desses serviços, desde que não residentes em território português" (artigo 41º, nº6 do EBF, aprovado pelo Decreto-Lei nº215/89, de 1 de Julho), tendo este preceito sido entendido como constituindo "uma cláusula geral de isenção de não residentes"[5].

No entanto, nesta primeira versão do artigo 41º, os benefícios das empresas que actuam nas Zonas Francas (as "entidades instaladas") continuavam a ser atribuídos em função da actividade aí exercida, sem que ao factor residência fosse dado acolhimento.

11. Foi com a nova redacção do artigo 41º do EBF, decorrente do Decreto-Lei nº84/93, de 18 de Março, que para as próprias entidades instaladas se formulou, como condição de outorga dos benefícios, a exigência de que as pessoas singulares ou colectivas com as quais as operações se realizem não sejam residentes no território português (ou não residentes dispondo de um estabelecimento estável situado no território português), **com exclusão das entidades instaladas nas Zonas Francas.**

Salvo o caso das actividades de natureza industrial e dos transportes marítimos, em que o requisito da residência não aparece, em todas as

[5] Alberto Xavier, "Direito Tributário Internacional. Tributação das operações internacionais", Coimbra, 1993, p. 403.

situações é, assim, exigido, como condição da aplicação da isenção, que a pessoa com quem a operação se realize não seja residente no "restante território português", conceito que abarca, como refere Alberto Xavier, "o domicílio na própria Zona Franca" e a residência no estrangeiro (salvo se, nesta última hipótese, se dispuser em Portugal de estabelecimento estável não localizado na própria Zona Franca)[6].

A assimilação das entidades instaladas nas Zonas Francas a não residentes, para efeitos da outorga dos benefícios fiscais, que é afirmada na parte final da alínea h) do nº1 do artigo 41º do EBF – espécie de cláusula residual em que se consagra com clareza a regra de que só se consideram isentos os rendimentos que respeitam a operações realizadas com o estrangeiro e nas Zonas Francas –, era consagrada nas sucessivas alíneas em que se desdobra o nº1 do citado artigo.

Especificamente em relação às instituições de crédito, a alínea c) estabelecia a isenção dos rendimentos das respectivas operações, "desde que da sua actividade esteja excluída a prática de operações ... que tenham como outro contratante um residente no território português ou sejam imputáveis a um estabelecimento estável de um não residente aí situado e que não sejam entidades instaladas nas Zonas Francas" (redacção do Decreto-Lei nº84/93).

Também em relação às isenções dos sócios das entidades instaladas na Zona Franca ficou previsto (alínea b) do nº 3 do artigo 41º) que, salvo os casos da actividade industrial e de transportes marítimos, só seriam beneficiários delas os não residentes.

A limitação da isenção do pagamento de rendimentos a utentes de serviços, que constava genericamente, na redacção inicial do artigo 41º do EBF, do respectivo nº 6, foi, na redacção dada pelo Decreto-Lei nº 84/ /93, desdobrada pelos vários tipos de operações.

No tocante às instituições de crédito instaladas nas Zonas Francas, foi precisado que a isenção dos rendimentos pagos respeita "às operações de financiamento dos passivos dos balanços" dos respectivos estabelecimentos estáveis situados nas Zonas Francas (expressão que tem de entender-se como abrangendo os depósitos, os empréstimos e demais operações de captação de fundos), mais uma vez se exigindo que os beneficiários fossem "entidades instaladas nas Zonas Francas ou não residentes no território português, exceptuados os respectivos estabelecimentos estáveis nele situados e fora das Zonas Francas" (artigo 41º, nº 6).

---

[6] Xavier, ob. cit., p.408.

12. O regime definido no Decreto-Lei nº 10/94 parecia ter conseguido uma equilibrada conciliação entre a preocupação de assegurar que as facilidades fiscais se aplicariam, com rigor, unicamente às operações com não residentes e a visão intercomunicante do centro de negócios.

Mas tal equilíbrio foi desfeito quando o Decreto-Lei nº 307/95, de 20 de Novembro, veio introduzir uma nova alteração no regime de benefícios fiscais das instituições de crédito instaladas nas Zonas Francas.

Quando foi dada autorização legislativa para revisão do artigo 41º do Estatuto dos Benefícios Fiscais, que veio a constar do Decreto-Lei nº 84/93, salientara-se ter-se em vista "reafirmar o princípio da não aplicação dos benefícios às operações com residentes no referido território" (artigo 36º, nº 1, alínea b) da Lei nº 2/92, de 9 de Março). Foi na vigência da redacção assim dada ao artigo 41º que se introduziu a dicotomia atrás referida no plano das sucursais financeiras.

Mas, na Lei do Orçamento de Estado para 1995 (Lei nº 39B/94, de 27 de Dezembro), nova autorização foi concedida ao Governo, agora para "clarificar as condições de aplicação do regime previsto no artigo 41º do Estatuto dos Benefícios Fiscais a instituições de crédito e sociedades financeiras, no sentido de se precisar que só beneficiam de isenção as sucursais financeiras exteriores que não realizem operações com sucursais financeiras internacionais instaladas nas Zonas Francas".

13. A proposta "clarificação" consta precisamente do Decreto-Lei nº 307/95, o qual, além de acrescentar ao artigo 41º dois números, relativos à definição de residentes em território português e à prova da qualidade de não residente (nos. 13 e 14), veio alterar a alínea c) do nº 1 por forma a, para todos os efeitos, pôr termo à interligação que existia entre as sociedades financeiras exteriores e as sociedades financeiras internacionais por força do licenciamento de umas e outras dentro da Zona Franca.

É que, agora, do âmbito de actividade das sucursais financeiras exteriores passam a estar excluídas, sob pena de lhes ser retirado o benefício fiscal, além das operações com residentes (ou estabelecimentos estáveis de não residentes), as operações com entidades instaladas nas Zonas Francas que sejam "instituições de crédito, sociedades financeiras ou sucursais financeiras que realizem operações próprias da sua actividade com residentes ou estabelecimentos estáveis de não residentes" (nova redacção da alínea c).

Atendendo a que, na concepção das Zonas Francas como centros internacionais de negócio, a expressão não residentes é interpretada como abrangendo os residentes no estrangeiro (que não disponham em Portugal de estabelecimento estável, ou que, dispondo de estabelecimento estável, este não se localize na Zona Franca) e, sem restrições, as entidades instaladas na Zona Franca, dificilmente se compreende que se introduza uma limitação que, retirando da equiparação a "não residentes" determinadas entidades licenciadas e operando na Zona Franca, põe termo à indispensável comunicabilidade entre todas as entidades compreendidas no âmbito institucional da Zona, isolando, no caso concreto, as sucursais financeiras exteriores de contactos com o mercado interno e as instituições de que dimanam.

Não se põe em causa a característica básica dos centros financeiros internacionais, que reside na demarcação entre operações realizadas com não residentes (isentas de imposto) e as realizadas com residentes (sujeitas à tributação comum). A prossecução destes objectivos impõe o estabelecimento de controlos adequados e a adopção de soluções que facilitem aquela demarcação, como foi o caso da introdução da figura da sucursal financeira internacional, a para da da sucursal financeira exterior.

Mas não pode levar-se esta preocupação de controlo ao ponto de, retirado os próprios benefícios das operações com não residentes às SFE que desenvolvam operações com as SFI, e impedindo assim, na prática, qualquer ligação entre estas entidades, a despeito de se encontrarem, tanto umas como as outras, instaladas na própria Zona Franca, colidir com os objectivos de flexibilidade e comunicabilidade a justo título visados na anterior legislação.

É, aliás, corrente no estabelecimento de regimes especiais beneficiando particularmente certas actividades prever-se a dissociação das actividades visadas, a que se aplica o regime favorável definido, das demais actividades que as empresas em causa podem desenvolver, as quais ficam sujeitas ao regime comum de tributação[7].

14. O problema põe-se com particular acuidade em face da agudização da competição internacional entre centros financeiros, no ambiente de liberalização dos fluxos financeiros e dos serviços internacionais que hoje prevalece.

---

[7] É, por exemplo, o que se passa com o projecto holandês que prevê um regime fiscal especial aplicável a sociedades holandesas que se dediquem a actividades financeiras em benefício de companhias de um mesmo grupo em pelo menos quatro países ou pelo menos dois continentes.

É que é ilusório pensar que, cerceando oportunidades de desenvolvimento das suas actividades aos centros de negócios das Regiões Autónomas portuguesas, se conseguem evitar as "distorções económicas no território nacional" a que algo obscuramente se refere o preâmbulo do Decreto-Lei nº 307/95. As instituições de crédito desfrutam actualmente de possibilidades de acesso e instalação de sucursais financeiras em múltiplas praças internacionais concorrentes, onde não existem quaisquer regras que as impeçam de operar com o mercado interno português. A recente alteração do artigo 41º, nº1, alínea c) do EBF torna praticamente desprovida de sentido a criação de nova figura das sucursais financeiras internacionais – excluídas da assimilação de "entidades instaladas" a não residentes, em atropelo à regra essencial da intercomunicação de operações no contexto das Zonas Francas.

O Decreto-Lei nº 307/95 também introduziu uma alteração no nº 6 do artigo 41º do EBF, relativo à isenção dos benefícios de rendimentos pagos pelas instituições de crédito, ao excluir das entidades instaladas nas Zonas Francas as instituições de crédito, sociedades financeiras ou sucursais financeiras que realizem operações próprias da sua actividade com residentes, praticando assim o mesmo recorte que já se observou com respeito aos rendimentos obtidos pelas instituições, e acentuando o efeito prático da exclusão das "sucursais financeiras internacionais" do âmbito institucional da Zona Franca.

15. Isoladas como ficam, as "sucursais financeiras exteriores" perdem uma parte substancial do atractivo que possuíam quando mais vasta gama de operações lhes era acessível. Não surpreenderia que as instituições de que dimanam, além de desincentivadas de constituir "sucursais financeiras internacionais, venham a repensar o juízo que fizeram quanto às oportunidades proporcionadas pelos centros financeiros portugueses no confronto com as possibilidades que se lhes abrem em outras latitudes.

A criação da figura das "sociedades financeiras internacionais" já havia correspondido à preocupação de evitar perdas de receitas ou distorções na aplicação de depósitos, concentrando no âmbito de acção das sucursais financeiras exteriores os tipos de actividades de que legitimamente decorrem as isenções estabelecidas. Com a ruptura das interligações operada pelo Decreto-Lei nº 307/95, foi-se, porém, longe demais, pois o resultado é levar-se para o interior da própria Zona Franca a rede protectora que só deverá existir nas relações entre esta e o restante território português.

Haverá, decerto, meios menos radicais e mais proporcionados de evitar as indesejáveis distorções, designadamente pelo reforço de uma acção fiscalizadora das operações e das contas das sucursais, que acautele a efectiva limitação da aplicação dos benefícios aos rendimentos resultantes das operações com não residentes.

16. A recente modificação do artigo 41°, que veio reduzir a operacionalidade e os atractivos das Zonas Francas portuguesas, denota a presença de um espírito "fiscalista" e de horizonte fechado, inadaptado à visão liberal e internacionalizante que está na base da concepção dos centros de negócios.

Um dos trunfos de que dispõe a Zona Franca da Madeira reside no apoio das instituições comunitárias ao projecto que a enquadra e, especificamente, na concordância expressa da Comissão Europeia com o regime de benefícios fiscais que a caracteriza[8].

Em resposta a uma questão formulada no Parlamento Europeu acerca da forma como a Comunidade encarava a existência de centros financeirpos "off-shore", de que se citavam Gibraltar, a Madeira, o Luxemburgo, Dublin e as ilhas Jersey, e que se caracterizariam por três factores (regime fiscal favorável, especialização em clientes não residentes e existência de um mínimo de limitações regulamentares), o Comissário Vanni d'Archirafi declarou, nos finais de 1993, considerar "incorrecto descrever como extra-territoriais ou "off-shore" os centros em referência – aos quais, declarou, se aplica o Tratado CEE e a legislação derivada deste, nomeadamente as directivas relativas aos serviços financeiros. Estando esses centros sujeitos designadamente à legislação comunitária no domínio da fiscalidade, às directivas destinadas a reduzir a dupla tributação e às regras comunitárias de concorrência, quaisquer "mecanismos ou incentivos gerais" atinentes à sua actividade deveriam ser notificados à Comissão, para que pudesse verificar-se a sua compatibilidade com as regras comunitárias[9].

---

[8] Sendo este um elemento importante para demarcar com clareza os centros financeiros integrados nas Zonas Francas portuguesas da visão clássica dos "paraísos fiscais", muitas vezes conotada com actividades duvidosas, facilitadas pela inexistência de controlos e regulamentações. Boris Gombac (op. cit., p. 49), reconhecendo que certas classes de centros financeiros servem também para operações menos claras, sublinha, por contraste, que "grande número desses centros na Europa não se poupam a esforços para preservar a imagem de uma praça financeira credível".

[9] Cf. Pergunta escrita E-204/93 e Resposta do referido Comissário, em nome da Comissão, no Jornal Oficial das Comunidades Europeias, n° C219/1, de 08/08/94.

E já em 1990, na resposta a uma outra questão escrita em que se suscitava o problema da conformidade de algumas isenções fiscais atinentes a certas regiões comunitárias com o Tratado de Roma, o Comissário Leon Brittan, acrescentando às áreas da França, Itália e Bélgica, mencionadas na questão, os casos da Irlanda e Portugal (zonas francas da Madeira e dos Açores) declara que "a Comissão autorizou o estatuto de isenção de impostos destas áreas depois de certificar-se de que estavam em conformidade com os artigos 92º e 93º do Tratado CEE".

17. As autoridades comunitárias tendem, assim, a distinguir claramente os centros financeiros situados fora do território da Comunidade dos que, fazendo parte deste, estão sujeitos às normas comunitárias e, designadamente, à intervenção da Comissão na aprovação dos respectivos programas de incentivos fiscais e financeiros. Daí a recusa da "extraterritorialidade" e da própria qualificação "off-shore", constante da resposta do Comissário d'Archirafi.

Em opinião que recentemente expressou acerca do problema da coordenação da tributação directa nos países nos países da União Europeia, o Prof. Albert Raedler, que foi um dos membros do Comité sobre a Tributação das Sociedades (Comité Ruding), considerou "demasiado generosos" os benefícios fiscais que no passado a Comissão aceitou que fossem instituídos nos centros financeiros, mencionando os centros de coordenação belgas, e os casos da Irlanda, da Canárias, da Madeira e de Trieste[10] ; mas a forma como se refere a estes dispositivos de atracção de novas indústrias por parte de certos Estados-membros não deixa dúvidas quanto à aceitação da sua plena licitude em face do ordenamento comunitário[11].

Em comunicação dirigida ao Governo português, em 1995, a Comissão Europeia informou que, após reexame do regime dos auxílios estatais da Zona Franca da Madeira, decidiu não levantar objecções à aplicação desse regime, frisando a existência de limite temporal (o ano 2011) às isenções fiscais relativas ao "imposto sobre os benefícios" e à

---

[10] Sobre a posição do Prof. Readler: "European Parliament Hearing on the Intergovermental Conference", in European Taxation, Junho 1996, p. 207.

[11] Sobre os critérios utilizados pela Comissão para fundamentar a sua apreciação da compatibilidade com o mercado comum dos auxílios previstos nas alíneas a) e c) do nº 3 do artigo 92º do Tratado CE: Dirk Schelpe, "European Commission's decision making process on State aid", International Tax Planning Association, Working Papers, Monte Carlo Meeting, Junho 1996, p. 10-17.

contribuição autárquica, tal limitação temporal não existindo no respeitante aos outros impostos incluídos no regime de auxílios, e considerou que tal regime de auxílios seria aplicável até ao final do ano 2000 quanto à instalação de novas empresas, sendo esta questão reexaminada no termo desse período, para se determinar se a partir de 2001 se manteria ou não a outorga desses auxílios[12].

Já anteriormente, e desde a primeira notificação à Comissão pelo Governo Português do regime de auxílios a atribuir à Zona Franca da Madeira, a Comissão se havia pronunciado mais do que uma vez no sentido da aprovação, mas em termos de esta vigorar apenas por períodos de três anos, até reexame da situação – tendo o reexame ocorrido no final de 1994.

Encontra-se, assim, assegurado o pleno enquadramento do regime de auxílios fiscais instituído em relação à Zona Franca da Madeira no ordenamento comunitário.

18. O programa de acção para a Madeira e os Açores ("programa de opções específicas para fazer face ao afastamento e à insularidade destas regiões"), denominado "Programa Poseima" – aprovado pela decisão do Conselho das Comunidades Europeias de 26 de Junho de 1991[13], considerou explicitamente que "as Zonas Francas podem constituir um apreciável instrumento de desenvolvimento económico para as regiões insulares afastadas que são os Açores e a Madeira".

Tal programa foi instituído na sequência do anterior reconhecimento da ultraperificidade e do atraso estrutural e das dificuldades que "colocam estes dois arquipélagos entre as regiões mais desfavorecidas da Comunidade".

Com efeito, em declaração comum anexa ao Acto de Adesão de Espanha e Portugal, os Estados-membros haviam convidado as instituições comunitárias a prestar especial atenção à política de desenvolvimento dos Açores e da Madeira, "que tem por fim ultrapassar as desvantagens dessas regiões, decorrentes da sua situação geográfica afastada do Continente Europeu, da sua orografia particular, das graves insuficiências de infra-estruturas e do seu atraso económico". E o Parlamento Europeu tinha, em Resolução de Abril de 1989, afirmado que "a insularidade e a

[12] Comunicação sobre "Auxílio Estatal E 19/94 (ex E 13/91 e N 204/86) - Zona Franca da Madeira – Regime de auxílio", de 03.11.95, enviada pelo Comissário Van Miert, em nome da Comissão, ao Governo português.

[13] Jornal Oficial das Comunidades Europeias, n.º L 171/10, de 29/06/91.

situação periférica extrema dos Açores e da Madeira justificam um tratamento específico por parte da Comunidade"[14].

Ora, um dos aspectos em que se desdobra esse tratamento específico traduz-se precisamente na admissão da constituição das Zonas Francas e do respectivo enquadramento num regime de adequados incentivos, como peça central de uma estratégia de desenvolvimento perspectivada em alternativa aos modelos tradicionais, inaplicáveis nas regiões em causa.

19. É fundamental que, subjacente à elaboração do enquadramento normativo das Zonas Francas portuguesas, exista a determinação política de lhes conferir condições de atracção que lhes permitam a dinamização das respectivas actividades em função dos objectivos visados com a sua criação[15]. Haverá que tornar possível, no campo em análise, que as instituições financeiras instaladas na Zona Franca da Madeira disponham de facilidades operacionais comparáveis às que existem nos outros centros financeiros internacionais. Mas isto não basta.

É que é vital para a consolidação e a aceitação internacional de um centro de negócios a segurança que dimane da existência de um quadro institucional bem definido e estabilizado.

Infelizmente, essa não tem sido uma característica das Zonas Francas portuguesas. Houve, na fase de arranque, a compreensível necessidade de conformar o regime jurídico com as características plurifacetadas que assumiu o centro internacional de negócios: foi assim que às sucursais financeiras exteriores se abriram possibilidades, antes não existentes, de operações com residentes, por se ter concluído que tal alargamento é indispensável à sobrevivência e desenvolvimento da praça financeira da Madeira no contexto da concorrência com os outros centros internacionais de negócios.

Depois, porém, preocupações "fiscalistas" e receios de distorções na captação de depósitos começaram a avolumar-se. A elas se procurou corresponder com a criação da figura das sucursais financeiras internacionais, destinada a evitar as dificuldades de identificação contabilística, no

---

[14] Cf. os considerandos da citada Decisão do Conselho de 26/06/91.

[15] Num dos considerandos do recente Regulamento do Conselho da União Europeia visando um regime aduaneiro especial aplicável às Zonas Francas dos Açores e da Madeira é afirmado que estas zonas "constituem um *elemento fundamental da estratégia de desenvolvimento económico e social* adoptada pelas duas regiões". (Regulamento (CE) nº 122/96, de 22/01/96, Jornal Oficial das Comunidades Europeias, nº L 20/4, de 26/01/96).

âmbito de uma única sociedade financeira exterior, das operações com não residentes em confronto com as operações com residentes, para efeitos de aplicação das isenções unicamente aos resultados das primeiras.

Alterado deste modo o contexto institucional da zona, ainda se tornava possível, mercê da qualificação das SFI como entidades instaladas, a realização de operações entre estas e as SFE.

20. Bem cedo, porém, aquelas preocupações e aqueles receios se terão revelado absorventes, levando à alteração legislativa de 1995, que, tornando impraticáveis as operações das SFI com as SFE, por exclusão daquelas da equiparação a não residentes, veio retirar praticamente todo o interesse à constituição das primeiras a relegar as últimas para uma situação de isolamento que coloca o centro financeiro da Madeira em desvantagens perante os seus concorrentes.

Como lógica consequência da alteração que introduziu na alínea c) do nº 1 do artigo 41º do EFB, o Decreto-Lei nº 307/95 retirou da parte final do nº 3 do artigo 2º do Decreto-Lei nº 10/94 (onde se estabelece a subordinação da concessão de licença de funcionamento à prévia qualificação como sucursal financeira exterior ou sucursal financeira internacional) a referência à redacção dada à citada alínea pelo Decreto-Lei nº 84/93.

Na legislação anterior a 1995, a equiparação aos não residentes das entidades instaladas nas Zonas Francas, para o efeito da aplicação dos benefícios fiscais previstos, era feita irrestritivamente, quer por formulação directa (na redacção dada ao nº 6 do artigo 41º do EBF pelo Decreto-Lei nº 84/93: "...desde que os beneficiários ... **sejam entidades instaladas nas Zonas Francas ou não residentes** em território português"), quer por via de enunciação de excepção (na redacção dada à alínea c) do nº1 do artigo 41º pelo mesmo diploma: "... que tenham como outro contratante um residente em território português ou sejam imputáveis a um estabelecimento estável de um não residente aí situado, que **não sejam** entidades instaladas nas Zonas Francas").

A redacção da alínea c) dada pelo Decreto-Lei nº 307/95 é que veio operar um corte na "comunicabilidade", ao precisar que, para o efeito da aplicação do benefício, deixam de se compreender, entre as entidades instaladas, instituições de crédito, etc., que realizem operações próprias da sua actividade com residentes.

A introdução dos nos. 13 e 14 no artigo 419 do EBF, também decorrente do Decreto-Lei nº 307/95, visando precisar o conceito de "residente em território português" e especificar a forma de provar a qualidade de não residente, não altera os termos do problema, cujo cerne se localiza, como vimos, na nova redacção da alínea c) do nº1 e do nº 6 daquele artigo 41º.

21. Estamos perante um quadro de instabilidade legislativa, em que, para mais, avulta sensível retrocesso, na perspectiva das condições operacionais da praça. É sistemático que, tendo havido duas iniciativas de criação, na Madeira, de sucursais financeiras internacionais, já se tenha registado uma desistência. Os licenciamentos no domínio das sucursais financeiras exteriores praticamente estagnaram. E o risco de que medidas de sinal semelhante venham as ser legisladas com referência aos outros domínios da actividade da Zona Franca não deixará de fazer sentir os seus efeitos, afectando, em geral, a credibilidade do centro internacional de negócios.

Além de contrária a uma visão de desenvolvimento e consolidação das Zonas Francas, a medida em causa não se afigura realista. Ela parece revelar desconhecimento das possibilidades de deslocação das operações financeiras internacionais no contexto de globalização dos mercados financeiros. Cerceada a interconexão das SFE com as SFI, as instituições bancárias podem passar a fazer a circulação de fundos através de outras praças, suscitando, a partir delas, operações com o próprio mercado português, o que não resolveria, mas até viria agravar, os problemas das distorções e da quebra de receitas subjacentes à alteração legislativa adoptada.

Afigura-se-nos, pois, que, a fim de salvaguardar as condições de atracção de que dispõem as Zonas Francas portuguesas em face das suas congéneres estrangeiras, importa que se reponha o quadro anterior em que se tornavam possíveis as interoperações das SFE com as SFI, sem se retirar às primeiras os benefícios atinentes à prática de operações com não residentes, criando-se os dispositivos de controlo necessários para obviar a distorções e podendo inclusivamente especificar-se que os rendimentos suscitados pelas operações entre as SFE e as SFI sejam na sua totalidade contabilizados nestas últimas, e consequentemente sujeitos ao regime normal de tributação.

22. Em conclusão:

A Zona Franca da Madeira corresponde à concepção de um centro internacional de negócios de estrutura multifacetada, que compreende, para além da zona franca industrial, um centro financeiro internacional, um centro de serviços internacionais e um sistema de registo internacional de navios.

Como peça fundamental de uma estratégia de desenvolvimento visando ultrapassar as dificuldades ligadas à insularidade e ultraperificidade, a Zona Franca é objecto de uma regulamentação em que assume expressão central a atribuição de benefícios fiscais às entidades que nela se instalem, e bem assim aos não residentes beneficiários dos seus serviços.

O programa de benefícios que enquadra o regime da Zona Franca da Madeira, incluindo a especificação do limite temporal da outorga dos mesmos, mereceu a concordância das autoridades comunitárias, que afirmaram a sua plena compatibilidade com as disposições do Tratado de Roma relativas aos auxílios de Estado.

No plano das instituições financeiras, o regime institucional da Zona Franca foi marcado por uma evolução em que da visão estreita de sucursais financeiras exteriores operando exclusivamente com não residentes se passou à admissibilidade de operações com residentes.

Esta evolução culminou com a criação da dicotomia SFE-SFI, as primeiras operando com não residentes – abarcando neste conceito as demais entidades licenciadas no âmbito institucional da Zona Franca -, as segundas podendo operar também com residentes.

Tornava-se, assim, possível uma mais clara destrinça dos rendimentos obtidos nas operações com não residentes – que gozavam de isenções fiscais atinentes ao regime da Zona Franca – em relação aos obtidos nas operações com residentes – sujeitos à tributação normal –, sem que se impedisse a interligação entre as sucursais financeiras exteriores e as internacionais, considerada indispensável para a necessária dinamização do centro de negócios da Madeira.

A alteração introduzida em 1995 no artigo 41º do EBF, impossibilitando, na prática, a interligação das sucursais financeiras exteriores com as internacionais, veio esvaziar de sentido a criação desta última figura, contrariando os propósitos anteriormente afirmados de conferir flexibilidade e assegurar a comunicabilidade entre as instituições licenciadas na Zona Franca da Madeira.

A internacionalização e a globalização dos fluxos financeiros, patente na proliferação de centros internacionais de negócios, desfrutando de regimes muito mais flexíveis do que os das Zonas Francas portuguesas, tornam ilusória a consecução dos objectivos de isolamento dos mercados monetário e financeiro interno e da preservação da receita fiscal, que terão estado subjacentes à recente alteração legislativa.

A evolução do regime legal das Zonas Francas portuguesas, para além dos atrasos verificados na estruturação e regulamentação de soluções inovadoras ou simplificadoras indispensáveis, tem sido marcada por inflexões desincentivadoras de novos licenciamentos, podendo constituir uma factor de estagnação ou definhamento, pondo em causa a realização dos objectivos prosseguidos com a instituição daquelas Zonas.

Determinada a criação das Zonas Francas como peça estratégica de recuperação do atraso estrutural dos arquipélagos portugueses, deverá prevalecer, no delinear do respectivo quadro legislativo, um espírito abertamente favorável à criação das condições indispensáveis ao seu êxito, no contexto internacional da forte competição movida por outros centros de negócios.

Introduzido pela recente modificação do artigo 41º do EBF um elemento de rigidez e incomunicabilidade contrário ao desenvolvimento do sector das instituições financeiras da Zona Franca, é desejável que se regresse à fórmula anterior, assegurando a interconexão entre os dois tipos de sucursais, sem embargo de se estabelecerem dispositivos de controlo com vista a assegurar que apenas os rendimentos resultantes de operações com não residentes gozarão das vantagens fiscais previstas.

ALTERAÇÕES NA TRIBUTAÇÃO DO RENDIMENTO: REFORMA FISCAL OU SIMPLES AJUSTAMENTOS? (*)

Se vamos tentar definir o que é uma reforma fiscal, pensamos nela como uma operação em descontinuidade, tendo na base uma insatisfação global quanto ao sistema vigente e envolvendo a adopção de uma nova matriz, uma nova referência. E isso aconteceu entre nós algumas vezes durante o século XX: em 1922, em 1929, durante os anos 60, e depois, a reforma que se lançou no limiar dos anos 90 – aquela em que tive o ensejo de exercer uma função coordenadora dos trabalhos que conduziram à criação do IRS e do IRC – e na qual a morfologia do sistema foi completamente modificada.

Passou-se à tributação do rendimento global – substituindo a tradicional tributação cedular –, o que só por si revela a descontinuidade que foi referida.

É claro que é difícil definir exactamente o que se entende por reforma fiscal. Os políticos podem dizer que "pequenas medidas são uma reforma fiscal", porque lhes convém exaltar o sentido dessas mesmas medidas, ou ao invés, que "medidas profundas não são uma reforma fiscal", porque não querem que elas se tornem demasiado evidentes.

Mas os académicos têm uma noção diferente e muito mais consistente. "Reforma fiscal", para eles, traduz-se em "alterações fundamentais no sistema fiscal instituído no país" (major changes, como dizem os anglo-saxónicos), e é nesse sentido que procuraremos demonstrar em que termos é que os esforços de "reforma" empreendidos em anos recentes, são, ou não são, uma autêntica reforma fiscal.

Em Portugal, a reforma teve como fulcro a unicidade do imposto – unicidade tendencial –, mas também se norteou em função de outros aspectos, como o alargamento da base de incidência, a diminuição das

(*) Reconstituição de uma comunicação apresentada em Outubro de 2001 no I Congresso de Direito Fiscal, organizado pela revista "Fisco".

taxas e o abrandamento da progressividade – na linha da inspiração da reforma dos EUA, depois transposta para reformas de numerosos países, desde o Reino Unido até à Nova Zelândia.

Os esforços reformistas que têm sido empreendidos entre nós nos últimos dez anos não pretendem a remodelação total do sistema. Tem sido preocupação dos seus autores manter a observância da matriz do sistema instituído em 1988/1989. Esses esforços, muitas vezes motivados por grandes pressões de obtenção de rendimento, ou pelo propósito, em si louvável, de combater a evasão fiscal, nem sempre se têm traduzido na produção de diplomas que assegurem o progresso da fiscalidade portuguesa.

Tendo proposto como epígrafe desta intervenção, inicialmente, "reforma fiscal ou simples aperfeiçoamentos", julgo preferível chamar-lhe "reforma fiscal ou simples ajustamentos", porque aquilo que se apresenta invariavelmente como aperfeiçoamentos, na proclamação do legislador, acaba, em certos casos, por se mostrar contraproducente. Talvez o aspecto mais negativo da última tentativa de alterar o sistema, a chamada "reforma" que teria nascido nos fins de 2000 (portanto, ainda no séc. XX),resida na introdução de uma colecta mínima, quer em IRS, quer em IRC, traduzindo a ansiedade do fisco em obter rendimentos de qualquer maneira, o que redunda na ofensa dos princípios da personalização e da justiça fiscal, que tinham sido inspiradores da reforma originária. Porque a colecta mínima leva a tributar-se quem não dispõe de rendimento.

Tem havido proclamações sucessivas da intenção de proceder a nova reforma fiscal. O Governo anunciou em 1997 uma reforma da tributação do rendimento e de outros aspectos da fiscalidade, visando preparar a transição para o século XXI; mas embora esta reforma tenha sido objecto de muitos estudos, não chegou praticamente a ter execução. O que surpreende é que, quando o titular da coordenação governamental das Finanças muda, se faça tábua rasa do que se fez para trás, surgindo um novo conjunto de ideias sem atenção à continuidade. Foi mais sereno o quadro em que se gerou a reforma de 1988/1989, em clima de consenso entre as principais forças políticas quanto às linhas gerais dos trabalhos desenvolvidos. Estes começaram num Governo de Mário Soares, com Ernâni Lopes como Ministro das Finanças, e terminaram num Governo de Cavaco Silva, com Miguel Cadilhe como titular dessa pasta. Foi na ponta final dos seus trabalhos que a Comissão de Reforma enfrentou uma situação difícil na sua relação com o Governo; é que este entendeu, à última hora, alargar a categorias inteiras de rendimentos o regime de taxas liberatórias, regime que a Comissão entendia representar uma entorse ao sistema unitário, devendo ser limitadas ao mínimo. Por intervenção da Assembleia da República acabou por se formar uma solução de compromisso, em que se ressalvava basicamente a unicidade – um pouco mais afectada do que seria desejável –, e, ao mesmo tempo, se dava alguma satisfação ao ponto de vista governamental.

A Comissão de Reforma sempre advertira que a criação de figuras fiscais sofisticadas, como o IRS e o IRC, em condições administrativamente realizáveis, implicaria a plena remodelação do sistema de funcionamento da Administração fiscal, incluindo a informatização global do sistema. Este último aspecto começou a ser realizado, mas, a breve trecho, por motivos que ficaram pouco esclarecidos, o ímpeto quebrou-se. Em 1993, ocorreu um quase colapso na Administração fiscal (recordo que o Banco de Portugal, no seu relatório desse ano, empregou esta expressão), por manifesta incapacidade de se assegurar a arrecadação de receitas fiscais em termos eficazes. Foi-se marcando o contraste entre uma reforma norteada por princípios em si mesmo adequados e a impreparação da Administração fiscal para a sua aplicação.

No contexto daquilo que se pretende apresentar como reforma (fins de 2000) consta, no plano do IRS, a unificação de três categorias em uma só – a categoria B –, que acaba por absorver as duas seguintes, em termos que se me afiguram desajustados: sempre foi tradição do sistema português que os profissionais livres, em razão da estrutura da sua ocupação, não tivessem tratamento semelhante ao dos empresários, merecendo ser integrados numa categoria fiscal autónoma. Em grande número de casos, na actividade dos profissionais livres o elemento trabalho supera o elemento empresarial. E até os direitos de autor sobre obras científicas e literárias são arrastados para a categoria que trata dos rendimentos empresariais. Dada a heterogeneidade das situações que agora estão abrangidas na categoria alargada, não surpreende que se estabeleçam regras diferentes, em matéria de retenção na fonte e em variados outros aspectos, para cada uma das subcategorias que resultaram desta aglutinação. É de muito duvidosa vantagem a unificação das categorias.

Compreendo que se tenha criado uma categoria unificada, chamada "incrementos patrimoniais" – a categoria H – mas, parece-me infeliz esta denominação, porque na filosofia geral de um imposto como este, tudo são "incrementos patrimoniais": desde os rendimentos das fontes às mais-valias. A categoria em causa, quanto muito, deveria denominar-se "outros incrementos".

No prefácio do pequeno livro em que se apresentaram as linhas gerais da "reforma" disse-se que a "reforma fiscal" actual tem a marca política e ideológica de um Governo do Partido Socialista. Creio que melhor seria que uma reforma não tivesse marcas desse tipo, que até podem afectar a sua durabilidade, pois afirmações destas podem suscitar, por parte dos partidos que se sucedem no poder, o desejo de aporem também a sua marca, praticando alterações eventualmente desnecessárias.

Esta "reforma" reflecte ligeira redução do recurso a taxas liberatórias, o que merece referência positiva. Já um ponto negativo é a manutenção da incomunicabilidade de perdas entre as várias categorias: se se visa tributar globalmente o rendimento, o que interessa é o rendimento líquido de todas as categorias. Mas o legislador, na preocupação de evitar perdas de rendimento, depois de ter estabelecido o princípio geral da comunicabilidade, fez-lhe excepções de tal maneira grandes – e que se mantêm na actualidade – que ele acaba por perder o seu sentido. Porque, na prática, as únicas categorias em que é consentida a comunicabilidade das perdas são aquelas em que, por definição, não podem gerar-se perdas.

Façamos o resumo de alguns aspectos positivos e outros pelo menos controversos da recente mutação fiscal, tanto no que toca ao IRS como ao IRC. Quanto ao IRS, foi bom que tivesse havido um aumento nos benefícios concedidos à família, e que se operasse uma redução ao nível do escalão mais baixo. Mas, como foi dito, não é de aplaudir a aglutinação das três categorias, B, C e D, numa única confusa categoria misturando profissionais independentes e empresários individuais. Um ponto profundamente negativo é a tributação de um rendimento mínimo, em ligação com a introdução do sistema simplificado. Altamente inaceitável é a tributação de rendimentos com base em indicadores objectivos de riqueza, em afastamento dos cânones da tributação pessoal global, ainda por cima de mais do que duvidosa eficácia: se aqueles que têm uma casa adquirida por mais de 50 mil contos passam a estar sujeitos a este regime, é bem provável que deixem de comprar-se casas por mais de 49 mil contos...

Quanto ao IRC, os principais aspectos positivos são a acentuação da gradual redução das taxas (talvez um pouco sob a pressão da comparação competitiva com a Irlanda, onde as taxas são baixíssimas) e a introdução de regras sobre os preços de transferência (matéria que vinha a ser debatida há longo tempo). Constituem pontos controversos o regime simplificado, a tributação das mais-valias formadas nas sociedades holding – onde, mesmo que se admita que a alteração legislativa não trouxe grande agravamento, é visível a inoportunidade da medida em face da fraqueza das bolsas e do quadro psicológico depressivo que já existia.

A nível do IRS, o "regime simplificado" constituiu uma novidade. Com ele pretende dispensar-se a apresentação de documentos de despesa por parte dos contribuintes, porque se pratica uma dedução fixa de 35%, a titulo de custos. É uma presunção de custos, dispensando prova documental, para os pequenos contribuintes. O grave é estabelecer-se uma presunção de rendimento mínimo, ao nível de metade do valor anual do salário mínimo mais elevado, pois isto representa uma profunda distorção das concepções inerentes à filosofia de base do imposto único. Particularmente grave, porque não sendo admitidas presunções iuris et de iure no nosso sistema fiscal, a verdade é que a lei nada diz sobre como se pode ilidir essa presunção de rendimento mínimo. Estes coeficientes (referi o coeficiente de 35% porque estou a pensar nos trabalhadores por conta própria, mas há outros coeficientes para empresários, ligados ao volume das vendas) virão a ser substituídos, segundo se diz, por indicadores objectivos de base técnico-científica para os diferentes sectores. Não sei se alguma vez esses indicadores aparecerão. Correspondem um pouco à concepção de um dispositivo italiano, que foi introduzido também com o propósito de assegurar receita e de evitar as oportunidades de fraude, o famoso reditómetro – igualmente baseado em indicadores "técnico-científicos" – e que foi qualificado por eminentes finalistas como uma "evolução perversa da fiscalidade italiana". Outro ponto negativo é o dos limites à consideração de custos, designadamente com respeito aos trabalhadores por conta própria, em que o legislador, de uma forma estranha, veio definir limites mesmo para os contribuintes que dispõem de contabilidade organizada (os que estão dentro do sistema normal). Assim, esses contribuintes, que já têm de suportar as despesas de manutenção e de escrituração dos livros, e que têm de fazer face ao encargo de um revisor de contas, ainda por cima vêm-se limitados arbitrariamente ao máximo de 25% (em relação ao seu rendimento bruto), quanto a alguns tipos de custos ou de despesas que estão autorizados a apresentar. Trata-se de uma restrição que, à partida, não existia, tendo depois sido introduzida ao nível de 32%, e passando agora a ainda mais apertados limites.

Outra particularidade que me parece aberrante é ter-se criado uma tributação autónoma – repare-se: enxertar-se no IRS uma tributação autónoma! – que não tem nada a ver com o resto do sistema do imposto sobre o rendimento. O imposto, que se pretende único, que já sofre a entorse das taxas liberatórias (mas, em certos casos, comportando a alternativa da opção pelo englobamento, o que melhora um pouco as coisas), abrange agora a "tributação autónoma" de despesas confidenciais, despesas com viaturas, despesas de representação, etc., a taxas fixadas, é certo, a nível baixo, que representam a tributação adicional de encargos que por seu turno constituem despesas dedutíveis no apuramento do rendimento colectável do IRS! Ainda se compreende que as despesas confidenciais sejam tributadas – deviam sê-lo num diploma diferente –, mas o que justifica a tributação autónoma dos gastos com as viaturas e dos gastos com representação? Faz algum sentido introduzir esta figura autónoma de imposto, que aberrantemente surge dentro do próprio IRS?

Quanto aos sinais exteriores de riqueza, e às disparidades entre os respectivos valores e o que consta da declaração, melhor seria fiscalizar adequadamente os contribuintes com essas características, em lugar de proceder à sua arbitrária tributação através de soluções de imposição de rendimentos não reais. Esta nova categoria faz lembrar um pouco um célebre documento de 1975, uma espécie de "Manual do contribuinte", muito toscamente apresentado, a que se chamava olhinhos, porque todos os aspectos eram prescrutados, onde tudo se devia declarar no âmbito do imposto complementar (repare-se que era meramente um imposto sobre o rendimento), desde a casa aos automóveis e às jóias, e não omitindo, até, o dinheiro que havia em casa...

Pretende-se que este sistema de rendimentos presumidos, entre nós agora introduzido, representando uma entorse à filosofia de base do sistema de IRS, se destina a combater a evasão fiscal. Mas a simplificação introduzida nem sequer parece facilitar a vida dos pequenos contribuintes, porque a tributação cega do rendimento mínimo, sem possibilidade prática de ilisão, penaliza os que não possuam efectivamente rendimentos. A adopção de fórmulas simplificadas de tributação, fórmulas autónomas, fórmulas baseadas em indicadores mais ou menos grosseiros, que traduzem uma regressão para sistemas que se pensava definitivamente ultrapassados (recorde-se a tributação de rendimentos normais), não constitui o melhor caminho. Seria preferível seguir outros trilhos: estou a lembrar-me de que o relatório recente da OCDE sobre Portugal, embora não ataque frontalmente as formas tributárias do regime simplificado e dos indicadores exteriores de riqueza, nota que há uma alternativa "boa" a esses aspectos, que é encorajar os pequenos contribuintes é a adoptar soluções organizadas de contabilidade, e a entrar devidamente no sistema. Por exemplo, no Japão consagra-se uma "declaração azul", em que se proporcionam vantagens fiscais aos contribuintes que se estruturem devidamente, a partir do ponto de desorganização em que se encontravam. Seria bem preferível activar controlos cruzados, intensificar acções de fiscalização, aperfeiçoar a informatização do sistema, em lugar de, bem mais toscamente, enveredar para fórmulas rudimentares de tributação. No limite, deparar-se-nos-ia uma espécie de tributação do tipo da "poll tax" – a tributação britânica que não distinguia as situações prediais e afectava todos por igual, de tão má memória que terá estado na origem do abandono do poder pela Sra. Thatcher.

Compreendo a ansiedade do legislador fiscal de, por várias vias, procurar alargar o caudal das receitas tributárias; mas para tal não deveria passar-se por cima, ou fazer-se obstrução, à filosofia de base do imposto sobre o rendimento.

Estamos, portanto, perante simples ajustamentos do nosso sistema (uns mais felizes, outros menos), e não em face de uma reforma fiscal em sentido próprio.

Vejamos se há margem para ser lançada uma reforma fiscal autêntica. No caso dos impostos sobre o rendimento das pessoas singulares e colectivas, não se vislumbra tão cedo a hipótese de uma reforma fiscal. Os tipos tributários estão consolidados , sendo passíveis de ajustamentos, mas não de uma substituição ou alteração de fundo. Não é de esperar que se processem mudanças de morfologia, a não ser que se conceba a passagem, por exemplo, para o imposto progressivo sobre a despesa – é uma formulação que teve origem em Stuart Mill, e que foi assumida por Nicholas Kaldor, um economista britânico do séc. XX –, em que se procura tributar, com taxas progressivas, a despesa pessoal global. Simplesmente, esse sistema, que comporta alguns aspectos aliciantes (a Comissão de Reforma Fiscal de 1984-88, embora não aderisse à ideia, reconheceu os seus pontos positivos) envolve enormes dificuldades de aplicação: 1º) a complexidade da definição da poupança a ser deduzida, 2º) a necessidade de se estabelecerem relações com o regime dos países que mantêm o sistema clássico de tributação do rendimento; 3º) a circunstância de nenhum país da OCDE (apesar de este sistema já ter sido ensaiado em países do Oriente) ter até agora introduzido esse imposto. Assim, a única figura alternativa de fundo, potencialmente motivadora de uma reforma, não oferece viabilidade prática, pelo menos nos tempos mais próximos.

No domínio dos impostos sobre o património, a situação é diferente. Aqui temos um certo número de figuras fiscais insatisfatórias, que se pretende ver substituídas por tipos fiscais novos – ou por um tipo fiscal novo –, o que tem um sentido de reforma. Só que deverá relativizar-se a importância dessa reforma em função do peso relativo dos impostos em causa; e isto porque os impostos sobre o património estão a nível de 5% ou 4% das receitas fiscais totais, dentro dos países da OCDE, e, entre nós, não atingem sequer esse valor (representam cerca de 3%, quando muito, do total das receitas tributárias). É uma reforma interessante, dogmaticamente importante, mas, todavia, tem alcance limitado, porque não atinge as grandes figuras da fiscalidade: o IRS, o IRC e o IVA.

Falta referir o aspecto internacional. Por vezes, diz-se que, na remodelação do nosso sistema devemos atender ao que se passa a nível da fiscalidade internacional, e, em particular, a nível da fiscalidade comunitária. Quando a Comissão de Reforma Fiscal funcionou ao longo dos anos 80 já existia essa visão de enquadramento numa perspectiva internacionalista dos impostos – naturalmente com menos intensidade do que hoje. Se houve avanços na fiscalidade comunitária com respeito à criação de um modelo de IVA da União Europeia, os progressos têm sido quase nulos no âmbito da fiscalidade directa sobre o rendimento (quer das sociedades, quer das pessoas singulares – na tributação da poupança). Houve uma proposta de directiva da Comissão para harmonizar os impostos de sociedades, a nível da Comunidade Europeia, que esteve quinze anos na mesa do Conselho, sem que este orgão a apreciação, e que foi ingloriamente retirada em 1990. Ainda hoje não existe harmonização global dos impostos sobre as sociedades. E agora há a experiência dos pacotes fiscais,que envolvem aspectos não vinculativos, compromissos políticos, como é o caso do conhecido Código de Conduta sobre a tributação das empresas. Depois surge, com as vestes dos instrumentos jurídicos clássicos, a proposta de directiva sobre a tributação da poupança. Procurou fazer-se avançar esta proposta no Conselho Europeu de Santa Maria da Feira, em meados de 2000 – mas o que resultou foi muito decepcionante em termos de realizações concretas. Porque o que resultou foi que os 15 países da União Europeia decidiram que se assentaria até fins de 2000 num acordo sobre questões de base, para se dedicar uma parte do ano de 2001 a negociar com os países concorrentes potenciais (que estão fora do esquema comunitário): EUA, Suíça, etc.. Só depois de obtida a adesão destes, seria aprovada, até 31 de Dezembro de 2002, por unanimidade, a directiva em causa. Mais: o esquema a instituir sobre a tributação da poupança seria implementado ao longo de um período de sete anos, só tendo plenamente aplicação no final de 2009. São tantas as condicionantes que estamos longe de qualquer harmonização efectiva a nível da tributação da poupança... Já o Código de Conduta sobre a tributação das empresas dimana de deliberações de Conselho, e não de legislação comunitária – faz parte da soft law da Comunidade Europeia –, e o seu efectivo acatamento envolve problemáticas questões.

Talvez mais importante do que acompanhar estes esforços a nível comunitário seja reflectir sobre a concorrência internacional entre sistemas fiscais, considerando a situação das diferentes economias e a necessidade de se ir convergindo com as alterações fiscais que nos outros países se vão realizando. Um dos elementos positivos neste contexto é a descida planeada (e em parte já efectivada) das taxas do IRC, para acompanhar a evolução internacional e manter a competitividade externa dos nossos capitais.

É tempo de terminar. Não queria ser demasiadamente pessimista, e compreendo as dificuldades com que se debatem os nossos governantes, que têm de encontrar formas eficazes de combater a fraude e a evasão fiscal. A discussão centra-se, fundamentalmente, em saber quais são os meios mais adequados: criar regimes simplificados, regimes autónomos, etc.; ou pelo contrário, aceitar e manter a harmonia central do sistema de tributação, procurando incentivar os contribuintes a aderir à organização das suas contas para efeitos fiscais, melhorando a eficácia da Administração, informatizando o sistema, incluindo a realização de controlos cruzados automáticos, etc.. Tais as alternativas que se defrontam no quadro actual da revisão do regime fiscal português.

ÍNDICE